우리는 패자부활전으로 우승까지 간다

자유학교 이야기

-

김윤규 등

Dotori

시작하며

사람 때문이다

/김윤규

자유학교가 20주년을 맞았다. 미련한 짓이다. 내가 아는 대안학교가 좀 많은데, 가만 보니, 대안학교 운영자는 매우 자주 바뀌고 있었다. 어떤 학교는 개교하자 곧 폐교하기도 하고, 이름만 바뀌기도 하고, 운영자만 바뀌기도 했다. 생각보다, 역사가 오랜 대안학교가 매우 드물었다. 이유는 다양하겠지만, 처음 먹은 마음이 오래 가기 어렵다는 것은 확실했다. 그런데, 자유학교는 얼마나 미련하길래 이렇게 오래 가는 걸까.

자유학교가 오래 가는 것은, 미련한 사람들 때문이다. 개교 5년차쯤 되었을 때, 대안학교도 학력 인정학교로 인가를 내주는 제도가 생겼다. 당시 교육청의 장학사님이 자유학교에 대해 그런 인가를 받겠느냐고, 호의적으로 제안해 왔다. 혼자 정할 일이 아니어서 우리 선생님 회의에 물었다. 내 설명을 들은 선생님들은, 딱 거절하기로 결정했다. 선생님들은 말했다. 인가학교가 되면 그것도 제도권이므로 거기도 못 가는 아이들이 발생할 것이다. 우리는 그들을 위하여 존재해야 한다. 정말 갈 곳이 없을 때 우리조차 없으면, 우리 아이들은 당황할 것이다. 우리는 가장 낮은 마당에 깔아두는 멍석이어야 한다. 그래서 나는 우리 선생님들을 동지로 존경한다. 이분들은 아직 대학생인데, 교사로서 판단하고 행동할 때는 미련하고 당당한 지도자들이다.

그런 선생님들의 이야기를 남기고 싶었다. 자유학교 20년 책을 내자고 내가 제안했다. 내가 존경하지만, 눈치는 바가지인 우리 교감 선생님들은, 책이 너무 두꺼워질 것이라고 걱정했다. 오오, 전혀! 자기 돈 쓰고 자기 힘 쓰는 봉사자 모집하기보다 원고모집이 훨씬 어려웠다. 아마 자기자랑이 쑥스러우신가 보다고 생각했다. 글쎄, 그렇겠지. 그러나 그중에서 일부 선생님들은, 김윤규 교수가 원고를 읽을 테니 글솜씨나 맞춤법이 부담스러워서 안 낸다고 하셨다. 아시다시피, 나는 참 부드럽고 온건한데 늘 이렇게 오해를 받고 산다. 결국 원고가 생각보다 하도 안 모여서 내가 학교의 역사도 쓰고 별별 잡담도 쓰고 소식지에 실린 글도 모으고 해서 원고 분량을 채웠다. 나는, 이 책이 나오면, 원고 낼 걸 하면서 땅을 치고 후회할 분이 반드시 있을 것이라고 생각한다. 그분들은 알게 될 것이다. 아무 말이나 쓰는 책이었다는 것을.

공동체 선생님들은 생각보다 즐겁게 원고를 주셨다. 세월을 좀 사신 분들은, 이런 감정표현 기회가 흔하지 않다는 것을 아셨기 때문이다. 선생님들 중에서도 내가 읽을까 봐 걱정이라고 하신 분들이 있었지만, 그래도 원고를 좀 쉽게 주셨다. 나는 우리 선생님들의 아름다운 중년에 이 글과 이 책이 반짝이는 추억이 될 것이라고 생각한다. 그리고 아마,

끝내 원고를 주지 않은 선생님들은 후회하시겠지.

학생들의 글도 모집하려고 했다. 그러나 우리는 아이들에게 대학과 사회로 나가면 우리를 잊으라고 했었다. 새로 열린 길로 달려가기만 해라, 지난 일은 지나갔다. 우리에게 감사할 필요도 없다. 우리가 하고 싶어서, 우리도 행복해서 한 일이다. 아이들은, 이번에는 말을 잘 들었다. 대부분의 아이들은 연락이 끊어졌다. 연락처를 찾지 못한 아이들에게는 원고를 청하지 못했고, 아주 일부 아이들이 원고를 가지고 왔지만, 실은 이보다 엄청나게 많은 아이들이 할 말을 참고 있을 것이다. 지금 우리가 듣지 못하고, 어쩌면 영영 우리 귀로 듣지는 못할 수도 있지만, 그 아이들의 이야기가 그들의 삶에 보람차게 기록될 것을 믿는다. 우리는 정말 간절히, 그 아이들이 부디 행복하기를 기도하고 있다.

책을 편집하면서 수록 순서가 좀 바뀌었다. 원래는 학생이 구별되지 않도록 전원 무조건 가나다순으로 실으려고 했는데, 편집팀의 의견에 따라 교장·교감 선생님의 글을 먼저 싣고, 그 뒤에 선생님들 글과 학생들의 글을 실었다. 그러고 보니 좀 깔끔한 맛은 있는데, 뒷부분에 가면 내 자랑만 두드러지는 게 많이 민망하다. 글쓴이의 사진도 실을까 했는데, 학생들을 보호하기 위해 일괄적으로 사진을 삭제했다. 학생의 실명은 쓰지 않았고, 성은 빼고 이름만 약간씩 글자를 바꿔서 썼다.

책을 내는 데는 돈이 좀 든다. 나는 돈이 원래 없고 자유학교는 가난하다. 그래서 나는 배드민턴을 치다가, 이런 책을 내면 재미있을 거라고 안경모 교수에게 말했다. 돈 달란 말은 전혀 하지 않았다. 그냥 책 이야기만 했다. 진짜다. 그런데 안 교수가 알아서 말했다. 내가 보탤까. 미련하고 착한 사람이다.

출판사를 추천해 달라고 글을 올렸더니 즉시 연락이 왔다. 내 첫 조교였던 한국학중앙연구원 박성호 교수가 도토리출판사를 추천했다. 이어서 수많은 연락이, 거절할 수 없는 관계와 호감을 업고 들이닥쳤다. 그러나 우리에게 필요한 출판사는 하나면 족했고, 가장 합리적인 선택은 선착순이었다. 출판사로서, 이 책을 만드는 일은 혜택이나 기회가 아니라 고난이었을 것이다. 나는 한가하지만 출판에 도움이 될 능력이 없고, 유능한 우리 선생님들은 너무 바쁘기 때문이다. 그래도 이 책은 멋있게 나올 것이다. 나는 전문가의 능력을 항상 믿는다. 이분들은 이 정도 원고를 가지고도 예쁘고 감동이 있는 책을 만들 수 있을 것이다. 나는 이런 대책 없는 신뢰만으로도 큰 손해 안 보고 육십오 년째 살고 있다.

다시 처음의 질문으로 돌아갈 시간이다. 자유학교를 처음 열 때, 시청 사회복지과의 담당자였던 공무원이 했던 질문에 20년 만에 답한다.

"교수님, 이런 일 왜 합니까?"
"사람이 아까워서요."
"안 하면 안 됩니까?"
"그러면, 이런 좋은 사람들을 어디서 만나나요?"

차례

시작하며

사람 때문이다 | 명예교장 김윤규 · 2

1장. 나의 자유학교

꼴찌들의 패자부활전 그리고 꿈 | 교장 유상원 · 12
내가 자유학교에서 배우는 것 | 교감 손화철 · 16
나의 자유학교 | 교감 박진선 · 23
밥하는 감사 | 공동체교사 강은주 · 29
이상하고 아름다운 곳 | 교사 강혜원 · 32
흘러간 소중한 시간 | 교사 김보은 · 36
개교시절 | 교사 김부열 · 38
자유학교의 자유인 | 공동체교사 김수미 · 40
주변 없는 자의 주변 없는 글 | 교사 김수연 · 44
나도 검정고시 쳤어 | 교사 김의겸 · 48

꽃밭이다 / 별빛이다 | 공동체교사 김정미 · 52
포항사람의 자유학교 | 교사 김창규 · 54
사소하고 시시콜콜한 나의 자유학교 이야기 | 교사 민은지 · 57
응원하는 사람들 | 교사 박찬영 · 64
라디오 뮤지컬 <자유학교> | 교사 백예인 · 67
자유학교, 그리고 뿌리 깊은 나무 | 교사 은지민 · 70
교사가 되는 길 | 교사 이은택 · 75
집밥 같은 학교 | 교사 이혜림 · 81
모두가 가르치고 배운다 | 교사 임동진 · 84
삶의 원동력이었다 | 교사 임은채 · 88
지금 활동 중인 자유학교 | 교사 정수현 · 92
여전히 더할 나위 없는 기쁨 | 교사 정원지 · 96
교육보다 높은 교제 | 공동체교사 정은진 · 104
오래 볼수록, 오래 보아야 사랑스럽다. | 교사 조경찬 · 110
'얘들아, 잘 지내고 있니?' | 교사 조민지 · 116
인연 공동체 | 교사 주라희 · 121
라떼는 말이야 | 교사 천다솔 · 124
자유학교 OB 활동 | 교사 최순현 · 128

선생의 자격 | 교사 최회열 • 131
촉촉한 이야기 | 공동체교사 황병숙 • 134

우리가 남긴 이야기들
| 신입선생님의 소감 • 137
| 졸업 선생님의 소감 및 대담 • 144
| 졸업생의 소감 • 152

2장. 우리 자유학교

자유학교 20년 - 문닫지 못한 학교
1. 일어난 일들 • 168
2. 우리 사람들 • 189
3. 우리는 아직 문닫을 수 없다 • 215

3장. 당신의 자유학교

1. 비정규학교 설립과 운영 • 222
2. 청소년 자유학교의 경우 • 225
3. 간단한 Q&A • 231

자유학교 사람들

1. 사실들 • 236

2. 명예의 전당 • 239

3. 열매들 • 252

1장.

나의 자유학교

꼴찌들의 패자부활전 그리고 꿈

교장 유상원

1

예전에 상담했던 여학생을 기억합니다. 삐딱하게 다리를 꼬고 앉아, 씹던 껌에 단물이 빠진 탓인지 얼굴을 살짝 찡그리고는, 묻는 말에 대답 한마디 없이 담배만 만지작거리던 친구였는데요. 앞으로 얼굴을 맞대고 지내야 하는데 걱정이 태산입니다.

그런데 보름쯤 지났을까요? 그 여학생, “안녕하세요?”라며 웃는 얼굴로 꾸벅 인사를 하더니 빗자루와 걸레를 들고는 교실을 먼저 청소합니다. 게다가 한 학기 동안 열심히 연극을 준비하고는 멋진 공연도 선보였습니다.

그동안 자유학교를 거쳐 갔던 학생들이 제법 많습니다. 검정고시를 합격한 뒤 군인, 트레이너, 요리사, 기자처럼 자신의 길을 찾아간 많은 아이들이 떠오릅니다. 하지만 힘겨운 노력에도 검정고시를 통과하지 못했던 녀석들, 이런저런 이유로 중도에 포기했던 아이들은 여전히 마음의 빚으로 남았습니다.

2

요즘 학교에는 가난 때문에 학업을 포기하기보다는 제도권 교육에 대한 부적응이나 교사, 학생 간의 관계문제, 폭력, 건강 그리고 최근에는 개인 취향, 그러니까 '그냥' 공부를 거부하는 경우가 많습니다. 그런데 문제는 이들에 대한 학교 밖의 무관심이 생각보다 깊다는 것이죠.

그래서 20년 전인 지난 2001년 3월 학교 밖 청소년을 위해 '청소년 자유학교'가 포항에서 문을 열었습니다. 2004년 공교육 보완을 위한 '위탁교육기관'으로 지정되기도 했지만, 지금은 개교 때의 첫 마음처럼 학교를 떠난 아이들의 검정고시를 책임지고 있습니다. '벼랑 끝 문제아'들의 다가올 봄을 기대하면서 말이죠.

생각해보면, 우리 사회가 1등만 기억하다 보니 패자를 너무 쉽게 만드는 것 같습니다. 1등이 아니면 모두 패자인 세상인 셈입니다.

이렇게 획일성을 강조하는 학교에 적응하지 못한 학생들은 자의 반 타의 반으로 학교 밖 사회를 일찍 경험하게 됩니다. 때로는 그 나이에 어울리지 않게 사회의 바닥을 맛보기도 하죠. 하지만 '청소년 자유학교'에서 만나는 그런 학생들이 결코 불쌍하게 보이지 않습니다. 그저 자존심 강하고 세상 경험이 많다는 것뿐이죠. 괜한 동정심도 필요 없습니다. 그런 동정심이 학생들을 교화시키겠다는 교만을 낳기 때문입니다.

가끔씩 문제 학생들을 고쳐보겠다는 선한 마음을 가진 고마운 분들이 학교를 찾아옵니다. 하지만 그런 인위적인 교화보다는 아이들의 문제를 '있는 그대로' 같이 떠안고 가는 것이 더 나을 것 같습니다. 스스로 문제를 깨닫고 방법을 찾아가도록 말이죠.

3

저는 직업이 방송국 아나운서입니다. 아직도 '아나운서'라는 직업이 어색하기도 하고, '마이크' 앞에서 살짝 긴장도 하지만 방송 덕분에 '청소년 자유학교'와 '제자'를 만나는 행운을 얻었습니다. 게다가 아나운서라는 직업의 신뢰감과 모범적 이미지 덕분에 학생들이나 부모님과 상담할 때면 '반은 먹고 들어가는' 특혜 아닌 특혜를 누리고 있습니다.

하지만 폼 잡는 것은 싫습니다. 그러지 않으려고 애를 씁니다. 그냥 마음 그대로 말하고 행동하려고 합니다. 때문에 제 마음가짐이 바르게 되기를 기도할 뿐, 마음에 없는 소리는 하지 않으려고 합니다. 매년 스승의 날이 되면 이날만큼 선생 된 사람을 부끄럽게 하는 날도 없다는 것을 느낍니다. 가르치는 대로 산다는 것이 참 어렵기 때문입니다. 남을 가르친다는 것이 얼마나 많은 모범됨을 요구하는지요. 아나운서도 마찬가지입니다. 방송을 통해 하는 아름답고 멋진 말들, 물론 했던 말처럼 행동하기 위해 노력하는 것도 중요하겠지만, 말보다는 삶이 앞서려고 부단히 노력합니다.

4

우리는 무엇이든 멈추지 않고 계속 가면, 분명 큰 힘이 된다는 것을 알고 있습니다. 하지만 멈추지 않고 계속 간다는 것이 얼마나 어려운 일인지 또한 잘 알고 있습니다. 때문에 자유학교가 걸어온 지난 20년의 길은 좁고 험한 길이었지만, 제법 든든한 자양분이 됐습니다.

개교 후 이 글을 쓰는 7,255일 동안 학생들의 꿈, 선생님들의 헌신이 고스란히 담겨 있기 때문입니다. 또한, 앞으로의 자유학교가 기대되는 이유이기도 합니다. 물론 '학교 밖 청소년', '벼랑 끝 문제아'들이 사라져 자유학교가 폐교된다면 더할 나위 없이 기쁘겠지만요.

5

아, 그러고 보니 청소년 자유학교와의 인연을 말씀드리지 않았네요. 청소년 자유학교가 2001년 개교를 앞둔 때 김윤규 교장 선생님과의 방송 인터뷰를 계기로 2002년부터 인연을 맺었습니다. '배운 게 도적질'이라고 전공을 살려 국어교사로 봉사를 시작해 교무과장과 교무부장, 교감을 거쳐 2020년부터 교장을 맡고 있습니다.

학생들과 살을 맞대고 지내던 평교사 시절을 그리워하고 있지만, 패자로 낙인 찍혔던 꼴찌들이 보란 듯 부활해 사회의 일원으로 살아가는 모습을 보면서 늘 감사하고 있습니다. 언젠가 제게 닥칠 질문을 기억하면서 말이죠.

"젊은 시절, 무엇을 위해 땀 흘렸었지?"

내가 자유학교에서 배우는 것

교감 손화철

나는 언제 자유학교에 들어왔을까? 청소년 자유학교 20년을 기념하는 글을 쓰기 위해 그동안 스스로도 궁금했던 나의 '짬밥'을 세어보기로 했다. 어차피 다른 교감 선생님들에 비하면 아직 신참이지만, 그래도 10년은 넘어야 한다는 미세한 절박감이 있었다. 오래된 이메일과 캘린더를 열심히 뒤져 2010년 9월 17일 '자유학교 MT'라고 적힌 기록을 찾아냈다. 사실 당시 김윤규 교장 선생님이 한 번 구경삼아 와 보라고 초청하신 것인지 이미 소속이 되어 있었는지 전혀 기억나지 않지만, 어쨌거나 나는 2010년 2학기가 내 자유학교 생활의 시작이었다고 주장하기로 했다. 나도 10년은 넘었다.

언제부터 교감의 타이틀을 주셨는지도 기억나지 않는다. 하지만 그 직함마저 명목상이어서 내가 실제로 투자한 시간과 에너지는 매우 적었다. 처음엔 개학식이나 졸업식, 검정고시를 치르는 날에 한 번씩 가는 것이 전부였고 매주 한 번 학교에 잠시 가 보기로 한 것은 한참이 지나서였다. 그러나 그 잠깐잠깐의 만남들과 김윤규 교장 선생님이 들려주시는 이야기들은 언제나 강렬했고 많은 깨달음을 주었다. 그 배움들이 쌓이는 만큼 내 삶에서 자유학교가 차지하는 비중도 조금씩 커지고 있다.

배움 1. OO 대접을 하면 OO이/가 된다.

처음 자유학교 수업 시간에 가서 선생님들과 학생들을 보았을 때, 선생님들은 나이에 비해 어려 보이고 학생들은 나이에 비해 성숙해 보인다는 순간의 느낌에 약간 당황했다. 그 느낌의 얼마는 내 편견 때문이었겠지만, 달리 생각하면 선한 마음을 가지고 봉사를 하러 온 선생님들은 발랄하고 인생의 여러 곡절을 지나고 있던 학생들이 살짝 어두웠던 것이 이상한 일은 아니다. 이어서 과연 이 선생님들이 학생을 잘 통제할 수 있을까 하는 의문이 들었고, 한두 살 차이밖에 나지 않는 작은 여자 선생님들이 산처럼 큰 남학생들을 가르치는 모습이 더없이 불안하게 보였다.

그러나 그것은 기우였다. 김윤규 교장 선생님의 엄격한 관리하에 학생은 학생으로서, 선생은 선생으로서 역할하도록 언어와 활동의 선이 명확하게 그어져 있었다. 선생님의 권위는 분명하게 보장되었다. 처음에 김윤규 교장 선생님께서 학생인 선생님들에게도 자유학교에서는 반드시 존대를 하신다고 하셨을 때에는 그런가 보다 하였지만, 시간이 지나면서 그 뜻이 깊이를 절감했다. 나는 당시 한동대학교에서 대학생을 유치원생처럼 다루는 분위기에 익숙해지려는 참이었는데, 자유학교에서 보는 선생님들은 내가 한동대학교에서 만나는 학생과 다른 사람 같았다. 아이처럼 대접을 받으면 아이처럼 행동하고 어른으로 대접받으면 어른처럼 행동한다는 것을 새삼 깨닫는 순간이었다.

자유학교에서는 모든 사람이 존중받는다. 그 존중은 막연한 대접이나 무조건적 환대가 아니라 선생, 학생, 인간으로서 받아야 할 적절한 배려와 대우다. 학생이건 선생이건 각자에게 주어지는 존중은 그 사람을 변화시킨다. 자유학교에는 평균적이지 않은 학생들이 모이는데, 그들의 과거나 현재를 아무도 문제 삼지 않는다. 과거에 다소 거친 삶을 살았던 친구도 자유학교 안에서는 순한 양처럼 행동한다. 칭찬도 듣고 야단도 맞지만 어떤 경우든 비인격적인 대우를 받지 않기 때문이다. 선생님들 자신도 대학에 가면 학생이지만, 자유학교 안에서는 선생님으로서 수업과 행정을 담당하고 일정한 책임을 진다. 밖에서는 아직 어른 취급을 받지 못하는 대학 신입생도 선생님의 사랑과 권위를 행사하며 어른 노릇을 한다.

배움 2. 시간을 나누는 사람에게 생기는 여유

한동대학교 학생들은 바쁘다. 바쁠 만한 일로 그런 것인지는 알 수 없지만, 잠을 줄이고 밥 먹는 시간을 아낄 정도로 시간이 부족한 사람이 많고, 그래서 3, 4학년이 되면 병이 드는 경우도 많이 보았다. 아마 한동대학교 특유의 문화와 분위기가 '바쁘게 살기'인 모양이다. 그런데 그런 한동대학교의 학생이기도 한 자유학교 선생님들은 여유로워 보인다. 자유학교의 분위기는 한없이 느긋하다. 쉬는 시간에 학생들을 교실로 돌려보낼 때도, 저녁을 함께 먹고 놀 때도, 심지어 수업이 시작된

후 교무실에 남아 있는 보직 선생님들마저도 움직임이 느리다.

사실 자유학교가 선생님들에게 요구하는 시간은 결코 적지 않다. 한동대학교에 자유학교까지 버스를 타고 이동하여 저녁을 먹고 수업을 하고 돌아갈 때까지 줄잡아 5~6시간이나 그 이상이 필요하다. 거기에 매주 교무회의가 열리고 때때로 학교 청소와 환경 미화를 하러 모이기도 한다. 검정고시를 칠 때에는 아침 일찍 시험 장소에 가서 응원도 하고, 보직 교사들은 점심식사와 마무리까지 챙기느라 아예 하루 종일 카페를 전전할 때도 있다. 8월 검정고시를 위해서는 보충수업을 하느라 방학 한 달을 통째로 바친다. 많게는 15년이 넘는 시간 동안 매주 한 번씩 꼬박꼬박 오셔서 저녁을 차려주시는 공동체 선생님들은 또 어떠시랴. 장보기에서 설거지에 이르는 시간은 결코 적지 않고, 노동의 강도도 세다. 그러나 정작 이 모든 이들의 얼굴에는 시간의 무게나 긴장이 아닌 미소가 흐른다.

그 여유는 어디서 나오는 것일까. 자기를 위해 쓰기에도 빠듯한 시간을 남에게 주는 것은 쉽지 않다. 하지만 정작 봉사가 시작되고, 비슷한 사람들과 함께 어울리면 그 일이 자연스러워지고 덩달아 자신의 삶에도 여유가 생기는 모양이다. 아마 내 삶이 너무 분주한 것은 다른 자유학교 선생님들처럼 남에게 시간을 충분하고 넉넉하게 주지 않아서일 터이다.

감사한 것은, 그 시간과 노력, 정성의 나눔이 결정적 손해로는 이어지지 않는다는 점이다. 그 시간에 할 수 있었던 다른 일들을 하지 못한 것은 당연하지만, 그 나눔은 결국 한 사람의 태도와 성품과 표정으로 나타난다. 나눔으로 얻어지는 덕성은 다른 '스펙'과 달라서 사람들에게 엄청난 매력을 발산한다. 자유학교 선생님을 했던 이들이 사회에서 환영을 받고 공동체 선생님들이 여전히 활기찬 삶을 사시는 이유다. 자유학교는 학생과 그들의 삶만 바꾸는 학교가 아니다. 선생님 자신과 그 삶도 바뀐다.

배움 3. 사랑의 힘

'사랑의 힘' 같은 말은 내가 즐겨 사용하는 종류의 표현이 아니다. 그러나 나는 자유학교에서 '사랑의 힘'을 경험한다. 어디선가 불현듯 우리에게 나타난 학생들은 자유학교에서 사랑을 받는다. 그 사랑은 눈에 확 띄는 애정 표현이나 설레는 감정이 아니다. 수업, 검정고시 기출 문제 풀기, 저녁식사, 약간의 농담, 지각하면 전화해서 야단치고 어르기, 퇴학 협박 같은 텁텁하고 둔탁하거나 살짝 어색한 뭐 그런 것들이다. 그 사랑의 깊이마저 다 달라서 보직 교사의 사랑과 신참 교사의 사랑이 같을 수 없고, 힘과 정성을 들여 음식을 만드시는 공동체 선생님의 사랑과 바람처럼 사라지기 바쁜 날나리 교감의 사랑이 다를 수밖에 없다. 그러나 그 사랑은 진짜여서 힘이 있다. 눈 마주치기를 부담스러워하거나 말 섞는 것을 귀찮아하던 친구들이 수다쟁이가 되고 한없이 굳어 있던 얼굴에 상상하기 힘들었던 미소가 어느새 퍼져 있는 것을 볼 때마다 나는 무시무시한 사랑의 힘을 느낀다. 누군가는 매일 '사랑한다'고 말해야 한다지만 그 말에서는 힘이 나오는 것 같지 않다. 말과 표현이 문제가 아니라 진짜 사랑하는지가 문제다. 진짜인지 판별하는 것은 어렵지 않다. 변화가 일어나니까.

검정고시가 끝난 후, 우리 학생들 대부분은 그들이 오던 때와 똑같이 홀연히 사라진다. 가끔 반가운 얼굴들이 돌아오면 물론 기쁘지만, 졸업한 친구들을 찾으려 애쓰지는 않는다. 나는 이런 묘한 여유가 자유학교에서 발휘된 사랑의 힘을 믿어서 생긴다고 믿는다. 그 사랑이 우리 학생들 속에 남아서 그들을 움직일 것이다. 시간이 많이 지나 자유학교에서 지낸 시간을 설혹 잊는다 해도, 어디서건 자유학교를 거쳐 간 이들의 수다와 미소의 작은 일부는 우리 사랑의 결과일 것이다.

배움 4. Perfectly Imperfect!

자유학교가 자유로운 이유 중 하나는 누구에게도 완벽하기를 요구하지 않는 것이다. 만약 그랬다면 오기로 한 날 안 오고 학교 쉬는 날 혼자 가는 나 같은 교감은 오래전에 잘렸을 것이다. 학생도 선생도 완벽할 필요는 없다. 각자 하는 데까지 하고, 예외 상황과 실수를 기꺼이 받아들인다. 시간표도 바뀌고, 반의 개수도 바뀌고, 선생님도 바뀌고 급하면 규칙도 조금 바뀐다. 사랑의 힘도 항상 성공적이진 않다. 모든 학생이 행복해지는 것도, 모두가 검정고시를 통과하는 것도 아니다. 다툼이 있고 속상한 날과 원망이 생기는 날이 있으며 때로는 우리를 떠나버린다. 하지만 모두 그러려니 한다. 애당초 완벽한 결과를 얻어야 한다는 강박에서 벗어나 있기 때문이다. 아니, 벗어나려 노력하기 때문이다.

왜 그래야 하는지도 모르면서 미친 듯이 완벽을 추구하는 세상 때문에 자유학교가 필요하게 되었다. 세상이 조금 더 너그럽고 덜 각박했더라면 자유학교가 생길 이유가 없었을 것이다. 완벽한 학생, 완벽한 교사, 완벽한 식사, 완벽한 시간표에 집착하지만 않아도, 약간의 예외 상황에 괴로워하는 버릇만 고쳐도 세상은 상당히 괜찮은 곳이 될 수 있다. 자유학교는 완벽하지 않아서 상당히 괜찮은 곳이다. 완벽하게 안 완벽한(perfectly imperfect) 학교라고나 할까. 나는 자유학교에서 진짜 자유가 무엇인지를 조금씩 배우곤 한다.

나는 교감 선생님인데 아무도 가르치지 않고 하는 일도 별로 없다. 그래도 뻔뻔하게 자리를 지키는 것은 내가 여기서 늘 무엇인가 배워왔기 때문이다. 그 배움이 귀하고 좋은 것이라면 쫓겨나지 않는 한 잘 붙어 있는 것이 상책일 것이다. 나의 자유학교 짬밥 10년과 겹치는 자유학교 20주년을 기뻐하며 30주년을 기다려본다. 그때 내가 모두를 진심으로 대하고 내 시간과 사랑을 기꺼이 나누며 나와 남에게 완벽을 요구하지 않는 사람이 되어 있다면 얼마나 좋을까.

나의 자유학교

교감 박진선

개교 20주년을 맞이하여 자유학교의 꾸준한 발전에 감사를 드립니다.
“나의 자유학교” 라는 이름에 옛 추억을 되뇌어 봅니다.

청소년 자유학교
2008년 7월 어느 날, 특별하지 않은 일상 속에서 처음으로 들어보게 된 이름이었습니다.
같은 학교에 근무하던 이혜림 선생님의 인도로 따라갔다가 만난 특별한 친구들,
그 아이들과 소통하며, 공부를 하며, 밥을 먹으며, 함께 시간을 보내는 그 일들이 특별해 보였습니다.
이혜림 선생님의 결혼으로 인해, 그 섬김의 자리에 잠시 갔다가 오래 머무르게 되었습니다.

저의 수많은 추억 속에 떠오르는 3가지의 자유학교를 알려드리고 싶습니다.

하나, 자유학교는 기독교인들은 많지만, 기독교 학교가 아닙니다.

2008년 9월 새 학기 시작

설레는 마음으로 만난 첫아이들

어떤 친구들인지 궁금해서 호구조사를 했습니다.

- 넌 이름이 뭐니? 몇 살이야? 어떻게 오게 된 거야? 뭘 하고 싶어? 등등..

아이들은 첫인상에 별말은 안 했지만, 그래도 대답은 꼬박꼬박 다 해주었고, 그날 저녁 식사시간, 처음 만난 아이들 앞에서 목사님 딸이 있다는 사실에, 즐거이 식사 대표기도를 시켰습니다. 나는 진심이었는데, 농담인 줄 알더라고요. 손을 모으고 기도를 기다리고 있으니, 황당해하는 표정. 그리고 기도.

당연히 기독교인은 식기도를 하고 있고, 이곳에는 기독교인이 많다는 것을 알았고, 나 역시 기독교인이고. 그래서 당연하다고 생각했는데, 학생들 및 선생님들은 당황하더라고요. (첫날은 모든 이들이 실수를 하게 되니. 웃어넘길 수밖에 없었어요)

다음날 그 친구에게 기도시켜서 미안했다고 하니, 쿨하게 받아주더라고요. 그 이후로 그 친구와 조금 친해졌습니다. (이 친구는 검정고시를 합격하고, 대학을 졸업하고 직장까지 잘 다니는 멋진 친구가 되었습니다.)

자유학교에는 수많은 기독교인들이 봉사하고 있지만, 정작 기독교 학교는 아닙니다. 그러하기에 아이들도 자유로운 인식으로 학교에 다닐 수 있습니다.

둘, 자유학교는 학생들이 더욱 사랑하는 학교입니다.

모든 새로 온 친구들은 첫날의 적응이 쉽지 않습니다. 낯선 환경에, 낯선 사람들이 자꾸 자기 이름을 물어보고, 인사를 하고 친한 척을 하면 어색해 합니다. 특히 남학생들은 말이 없기에 더더욱 그러합니다. 어느 날 새로 온 첫날, A 군이 수업 이후 나가는 길에 친구와 통화를 했나 봅니다. “이 학교 이상하다고..”

그 이야기를 지나가던 다른 학생들이 듣고, 다음날부터 자유학교 전체 학생(전체라고 해도 10명 이내입니다.)이 A 군을 왕따시키고, 성질부리고 그러더군요. 아이들이 무섭게 변하자, 왜 그런지 진위 파악을 하기 시작했습니다.

A 군에게 들은 말은, 첫날 경험한 자유학교는 선생님이 선생님 같지 않고, 쉬는 시간에 학생들과 선생님이 같이 놀고, 한쪽에서 구름과자를 먹어도 혼내는 어른이 없는, 기존의 학교의 틀을 깨는 독특한 학교여서 이상한 학교라고 생각했다고 합니다. 친구와의 통화 중에 무심결에 나온 한마디였는데, 전체 학생들이 자기를 해코지하니 답답하다는 내용이었습니다.

기존의 전체 학생들의 말은, 다른 얘기는 못 듣고 이상한 학교라고 말한 그 아이, 특히 “우리 학교를 싫어하는 애를 받아들일 수 없다. 싫으면 싫은 사람이 나가라.” 는 내용이었습니다.

결국, 학교 적응 기간이라 생각하고 받아주자고 서로를 타일렀습니다. 며칠이 지나자 A 군은 또래 친구와 친해져서 잘 적응을 했고, 새로 오는 친구들이 이상한 학교로 오해하지 않도록 먼저 다가가는 친구가 되었습니다. (검정고시 합격 이후, 한두 번 얼굴을 비춰줬던 기억이 납니다.)
졸업하는 학생들이 가장 많이 하던 얘기가 우리 학교 출신이라서 너무 좋았다고 합니다. 자유학교는 학생들에게 **자랑스러운 내가 다닌 학교**가 되었습니다.

셋, 자유학교는 모두가 친구가 되는 학교입니다.
교복을 입고 수줍게 들어오던 여학생이 있었습니다. 어떻게 오게 됐는지 확인을 해보니 일반 학교에서 많은 사건 사고가 있었다고 합니다. 일명 가해 학생. 낯선 학교의 첫날이기에 점잖게 교복을 입고 수줍게 들어왔으나, 하루가 지나자 복장과 언어가 바뀌기 시작했습니다. 지금까지 자기를 건드린 사람들은 가만히 두지 않았다고... 눈을 강하게 쳐다보던 여학생이 하루가 지나자 자유학교 언니들 앞에서 순한 양이 되어있었습니다. 그리고 언니들이 자유학교 다니는 이상 사고 치지 말라고 했다고, 말 잘 듣는 학생이 되었습니다.

또한, 엄마의 손에 이끌려 들어오는 남학생이 있었습니다. 어딘가 모르게 몸이 불편해 보였습니다. 일명 피해 학생. 하루가 지나고, 이틀이 지나고 일주일이 지나도 몸이 편해지지 않은 것 같았습니다. 그러나 매일 바뀌는 선생님들과 여러 친구들이 쉬는 시간마다 혼자 두지 않게끔 말을 걸고, 함께 밥을 먹고, 배드민턴을 치면서 서서히 마음을 열어가는 모습을 보았습니다. 한 달이 되지 않아 학교에 가장 먼저 오고, 만나는 선생님과 친구들에게 먼저 인사하며, 새로 오는 친구가 있으면 다가

가 주는 학생이 되었습니다. 수업을 마치고 나면 친구들과 PC방을 간다고 좋아하던 학생이 검정고시를 합격하였고, 성적에 맞춰 인근 대학을 다녔으나 다시 고민 후에 자신이 원하던 간호대를 들어갔고, 간호사가 되었다는 소식을 들었습니다.

각자 처음에는 개별로 왔지만, 자유학교를 통해 성격과 성향이 다른 아이들이 서로 친구가 되었고 수업시간, 저녁시간, 소풍이나 체육대회, 검정고시를 치르면서 더욱 돈독해지는 친구가 되었습니다. 또한, 함께 한 선생님과도 친구로 남아 가끔은 자신을 자랑하며(대학 소식) 안부를 전하기도 합니다. 점점 나이가 들어, 학생들도 이제 10대가 아니고 20대가 훌쩍 넘었지만, 여전히 그들은 학생으로서, 친구로서 자유학교를 찾아옵니다.

저는 이런 자유학교를 경험하게 된 게 큰 참 축복이었습니다.
자취를 하며 홀로서기를 할 때, 사모님을 통한 봉사의 섬김에 감사함을 경험했고, 함께 저녁을 준비하며, 먹으며 많은 도움을 받았고, 대학교 선생님들의 개성 넘치는 아이디어에 울고 웃으며 수업을 도울 수 있었습니다(자유학교 음악회, 승마수업, 체육대회, 소풍 등). 학생들 이름을 한 명 한 명 부르면 그 아이들과의 추억이 새록새록 생각이 납니다. 최소 3개월에서 최대 3년이 넘도록 함께 먹고 공부하던 사이여서인지, 이름에 추억이 많이 담겨 있습니다. 그 이름들이 얼마나 나에게 젊음과 즐거움을 주었는지 그들이었기에 저 또한 잘 지낼 수 있었던 것 같습니다.

많은 아이들이 여전히 보고 싶고, 많은 아이들이 여전히 그립습니다.

추억을 소환시켜주셔서 감사합니다. ^_________^

밥하는 감사

공동체교사 강은주

나의 사십 대 그림에는 주말부부로 떨어져 지내는 남편과 대학을 다니는 아들, 고등학교를 다니는 딸이 있었고 중년의 아줌마가 그러하듯 적당한 취미 생활을 즐기며 하루하루를 무의미하게 보내는 시간들이었다. 그즈음 남편은 늘 내게 사회에 조금이라도 보탬이 되는 보람 있는 일을 찾아보라고 권유하였고 그 방법을 몰라 하던 내게 우연한 기회에 한 봉사 단체의 소개로 자유학교를 알게 되었다.

자유학교는 그렇게 아무런 봉사의 의미도 모르는 내게 천천히, 조금씩 삶의 의미를 가르쳐 주는 스승으로 서 있었다. 나는 이 나이가 되도록 내가 뭘 잘하는지 무엇을 잘 할 수 있는지를 알지 못했었다.

자유학교를 만나고 나서야 내가 제일 즐거워하며 잘하는 게 밥하는 것이었다는 걸 알았으니 별다른 재능이 1도 없는 내게 밥하는 일이 보람과 사랑이었음을 알았다.

지글지글 보글보글 정성껏 차린 음식들을 먹고 인사하는 총명한 눈빛의 대학생 선생님들, 선량한 우리 학생들에게서 밥심의 소중함과 고마움을 배운다.

봉사라는 말은 내게 너무 거창하고 왠지 얼굴이 달아오르는 말 같다. 나는 자유학교에 봉사를 하기 위해 문을 두드렸지만 나를 필요로 하는 데가 있다는 사실을 알고, 나의 조그마한 정성에 감사하다고 인사하는 그 예쁜 마음씨들을 볼 때 봉사를 하는 게 아니라 봉사를 받고 있다는 뭉클함이 내 마음을 따뜻하게 물들이고 있었다.

사십 대에 자유학교에 문을 두드리던 나는 지금 오십 대 후반에 서 있다.

그동안 금요일 저녁을 자유학교에서 보내는 관계로 주말에만 만나는 남편은 혼밥하는 금요일 저녁을 배려해 주었고 두 아이들도 모두 제 몫을 하는 사회인이 되어 있었다. 세월은 그렇게 쏜살같이 가버렸지만 자유학교에 대한 기억은 차곡차곡 쌓여있다.

스승의 날에 받아본 꽃과 감사편지, 멋진 대학생이 되어 찾아와 인사하는 학생들, 검정고시가 다가오면 열과 성을 다해 애쓰시던 대학생 선생님들, 태산 같은 든든함으로 변함없는 사랑을 실천하시는 교장 선생님,교감 선생님들, 책임과 정성을 다해 요리하시는 요일별 셰프님들, 그렇게 밥심은 따뜻하고 싱싱하고 활기차고 고맙게 자유학교 울타리 안에서 내게 기쁨을 주었다.

코로나로 모두가 힘들어하는 이때, 이 또한 지나가리라는 간절한 소망으로 자유학교 공동체 교실에서 밥 짓는 구수한 냄새가 가득할 날만 기다리며, 그저 고맙고 감사한 나의 중년이다.

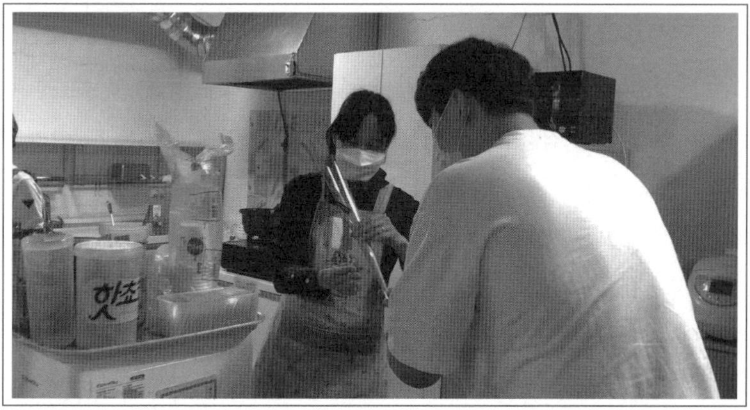

이상하고 아름다운 곳

교사 강혜원

어떤 말을 써야할까 몇 번의 고민 끝에 겨우 글을 시작하게 되었습니다. 김윤규 교장선생님께서 "아무 말이나 쓰는 책"이라고 하시니 용기를 얻어서요.

이상한 곳 _쌤, 저 쌤이랑 얼굴도 이름도 비슷하네요?

한동대학교 입학도 전에 청소년 자유학교라는 동아리에 들어가야겠다고 다짐했습니다. 자유학교 교사로 활동하고 있던 한동대 선배로부터 좋은 이야기들을 많이 들었기 때문입니다. 선배는 늘 동아리원들과 즐겁게 노는 사진을 보여주고, 가르치는 학생과의 재미있는 에피소드를 들려주었으며, 맛있는 저녁에 대한 자랑을 아끼지 않았습니다. '도대체 어떤 동아리길래 저렇게 열심히 활동을 하는 걸까?'라는 의아함과, '나도 자유학교에 들어가 같이 활동하고 싶다!'라는 소망을 한껏 품은 채 한동대학교에 입학하고, 그렇게 자유학교 동아리원으로서 그 선배와 함께 활동을 하게 되었습니다.

처음 마주한 자유학교의 분위기는 생각보다 엄격했습니다. 솔직함을 조금 더 보태서 말하자면, 무서웠습니다. 제가 경험했던 교육 봉사와는 차원이 달랐습니다. 학생에게 너무 많은 것을 알려주어선 안 되었고, 그중에서도 교사의 나이와 학번은 제일의 일급비밀이었습니다. 그렇기 때문에 한동대학교 안에서는 언니, 오빠, 친구로 지내지만, 자유학교에 발을 딛는 순간 '선생님'이라는 호칭과 다소 프로페셔널한 태도로 서로를 대했습니다. 이 암묵적인 규칙은 신입 선생님이던 저에게 아주 큰 어려움이었습니다. 앞서 말한 그 선배가 바로 저의 친언니였기 때문입니다. 저녁 식사 시간에 '그 선생님'이자 '언니'를 마주칠 때면, 혹여나 자매 관계인 게 들킬까 봐 어색한 웃음과 함께 고갯짓만 할 뿐이었습니다. 돌아보니 그게 더 수상해 보였을지도 모르겠습니다.

신입 선생님 특유의 열정 가득히 담아 준비해 갔던 첫 한국사 수업은 기대만큼 큰 호응을 얻지 못했습니다. 공교육에 너무 익숙했던 당시의 저는, 자유학교와 학생들이 가진 특별한 이야기를 생각하지 못한 채 그저 지식을 전달하는 데 열중했기 때문이었습니다. 열정만 가득한 신입 선생님이 칠판 앞에서 혼자 떠드는 중에, 한 학생이 저를 빤히 바라보더니 갑자기 말했습니다.
"쌤! 00쌤이랑 이름도 비슷한데 얼굴도 비슷한 것 같아요!"
이 말을 들은 순간, 저는 머릿속이 새하애지면서 턱밑까지 올라온 '당연하지, 우리 언닌데!'라는 말을 가까스로 삼키고, 아무렇지도 않게 "맞지! 나도 그 선생님 처음에 뵙고 깜짝 놀랐어!"라고 대답했습니다,

그리고는 속으로 몇 번이나 가슴을 쓸어내려 진정시켰는지 모릅니다. 당시에는 신입 선생님치고 훌륭한 임기응변이라고 생각했는데, 지금 생각해보니 웃음만 나는 답변입니다. 아마 우리 둘의 혈연관계를 눈치 챈 학생도 있었을 텐데 말입니다.

그렇게 1년이라는 시간 동안 철저히 비밀을 유지하며, 그 선생님의 졸업을 끝으로 저의 홍길동 생활이 끝났습니다. 21세기에 형을 형이라고 부르지 못하는 사건이 일어나다니, 역시 자유학교는 정말 이상하고도 신기한 곳입니다.

혹시 교사 명단에서 비슷한 이름 두 개를 발견한다면 그 사람들이 바로 이 이야기의 주인공일 것입니다.

아름다운 곳 _우리는 하는 게 없어!

자유학교에서의 한 해가 가고, 두 해가 가고, 세 번째 해를 맞이할 때 저는 평교사가 아닌 연구과장으로 활동했습니다. 자유학교의 보직 교사로 섬긴다는 것은 해당 학기의 절반 이상을 자유학교와 함께한다는 의미이기도 합니다. 교무회의와 교사회의, 신입 프로그램, 보직회의 등 일주일 중 나흘 이상은 자유학교 관련 모임에 참석해야 하기 때문입니다. 1학기의 보직 교사라면, 비단 학기 중만이 아니라 여름 방학까지도 8월에 치러지는 2차 검정고시를 위해 포항에 남아있어야 했습니다. 그해 여름도 여느 때와 다름없이 보직 교사들을 비롯한 몇 명의 학생 선생님과 공동체 선생님들이 남아 자유학교를 지키고 있었습니다. 그러다가 문득 '아, 나는 정말 하는 게 없구나'라는 마음이 들었습니다. 보직으로서 이것저것 많은 일을 한다고 생각했는데, 정작 수업시간에는 교무실에서 시원한 에어컨 바람을 쐬며 쉬고 있는 제 자신을 발견하니 무척 부끄러웠습니다. 뜨거운 날씨에, 심지어 방학임에도 상당한 양의 물리적인 시간을 자유학교 선생님으로서 할애하며 학생들을 위해 헌신하는 학생 선생님들과 공동체 선생님들을 보며 그간의 자만이나 생색이 한순간에 씻겨 내려갔습니다. 선생님 한 분 한 분의 땀과 노력으로 만들어지는 자유학교가 얼마나 아름다운 곳인지를 깨닫게 된 것입니다.

그래서인지 당시에 8월 검정고시를 보는 학생만도 열 명이 넘었으나, 학생들의 검정고시와 학업을 담당하는 연구과장으로서 그 부담을 내려놓을 수 있었습니다. 나는 하는 게 없고 이렇게 훌륭하신 선생님들이 함께한다는 것을 믿었기 때문입니다.

자유학교에서 보내는 시간이 많아질수록 알게 되는 분명한 사실은 '자유학교는 어떻게든 돌아간다'는 것입니다. 이러나 저러나 우리는 자유학교라는 이름 아래 서로 최선을 다하고 있음을 인지하는 순간, 내가 이곳에서 한 노력이 모두 어디에선가 쓰임 받을 것이라고 확신할 수 있고, 이 확신이 한동에서 자유학교까지의 가깝지 않은 거리를 오고 가게 합니다. 그래서 저는 오늘도 어째서인지 모르는 이유로 자유학교로 가는 버스에 몸을 싣고 있습니다.

흘러간 소중한 시간

교사 김보은

저는 연약합니다. 자꾸만 '내가 가는 길이 옳은가?'라는 생각을 떨칠 수가 없습니다. 이런저런 후회와 불안이 저를 제자리에 묶어 둘 때 저를 다독이는 여러 존재가 있습니다. 부모님, 친구들, 종교 그리고 흘러간 소중한 시간. 자유학교는 제가 보낸 시간 중 가장 소중한 시간의 일부입니다.

어린아이가 엄마 아빠 역할을 하는 소꿉놀이처럼 갓 스무 살 대학생이 선생님 역할을 하고 학교를 꾸려 나가는 자유학교 동아리 활동은 참 재미있어 보였습니다. 신입 선생님 교육으로 시작하여 실제로 수업 내용을 짜고 동기 선생님들과 장사도 해보고, 자유학교 아이들과 소풍을 가기도 하고 자유학교를 하며 즐거웠던 순간은 무척 많습니다. 물론 어린 대학생들이 모여 선생님 역할을 했기 때문에 순탄치 못한 상황이 있었지만, 교장 선생님, 교감 선생님, 공동체 선생님들의 지혜와 대학생 선생님들의 열정은 효과가 있었습니다. 매년 자유학교에서 함께 한 아이들이 검정고시에 합격하는 것을 보며 뿌듯함도 느꼈습니다. 제가 대학을 졸업하며 자유학교를 떠날 때까지도 자유학교는 재미있고 보람찼던 기억이었습니다.

대학을 졸업한 뒤 일을 시작하고 유학을 결심하여 다시 대학 생활을 하게 된 지금, 자유학교는 저에게 위안을 주는 기억으로 느껴집니다. 제가 잘 하고 있는 건지 어리석은 일을 한 건 아닌지 저는 매일 하루에도 몇 번씩 불안하고 후회가 듭니다. 그럴 때면 무언가를 좋아해서 열심히 해보고 성취감을 느꼈던 4년의 시간은 제가 다른 곳에서도 좋아하는 일을 찾아서 열심히 노력하도록 힘을 줍니다.

여전히 나는 여기 묶여 있고, 내가 있고 싶은 곳은 저 멀리 있다고 느껴질 때 자유학교에서 보낸 시간들이 자유학교 졸업생들과 선생님들에게 별 볼 일 없는 일로 느껴질지도 모르겠습니다. 어쩌면 자유학교에서 보낸 시간이 기억이 안 날 정도로 지금이 너무 힘들게 느껴지는 분들이 계실지도 모르겠습니다. 자유학교에서 즐거웠던 때와 더불어 열심히 노력하고 긍정적인 성과를 얻었던 기억이 자유학교를 머물렀던 모든 분들에게 소중한 시간이 되었기를 바랍니다. 흘러간 소중한 시간이 여러분들께서 앞으로 또 다른 소중한 시간을 만들도록 힘을 주기를 바랍니다.

개교시절

교사 김부열

안녕하세요? 자유학교 1기 교사 김부열입니다. 저는 한동대학교에 1997학년도에 입학하였습니다. 한동대에 입학해서 처음 만난 선생님이 바로 김윤규 교수님이셨습니다. 1학년 신입생 때 김윤규 교수님 팀 '서당골'(3기)에 배정되었는데, 그때부터 이미 자유학교와의 인연이 시작된 게 아닌가 싶습니다.

2001년 3월 자유학교를 개교하였을 때, 저는 국어교사로 함께 참여했습니다. 자유학교 1기 입학생이 제 기억에 3~4명이었던 것 같은데, 자유학교에 꾸준히 나온 학생은 그중에서도 1명밖에 되지 않았습니다. 그때 김윤규 교장 선생님께서 학생 1명만 있어도 자유학교 개교하고 계속 운영할 거라고 말씀하셨던 게 아직도 기억에 남습니다.

자유학교가 처음 시작했을 때는 자체 건물이 없어서 저녁에 포항문화원을 빌려 야학 과정을 운영하였습니다. 자유학교 1기 입학생으로 꾸준히 출석하였던 남학생 1명이 있었는데, 이름이 아직도 기억이 납니다. 섭이. 가끔 섭이가 결석하는 날이면, 학교에서 출발해서 포항문화원까지 오는데 1시간 정도 걸리는데 허탕을 치고 돌아가는 날도 종종 있었습니다. 다른 선생님들은 일섭이랑 1대1 과외 하듯이 같이 책상에 앉아 공부를 가르쳐주곤 했는데, 당시 저는 섭이 혼자 있어도 칠판에 꼭 판서하면서 수업을 진행하곤 하였습니다. 섭이가 검정고시 합격했을 때, 교장 선생님 이하 모든 선생님이 함께 기뻐했던 기억이 납니다. 하지만 동시에 섭이가 졸업하면 더 이상 가르칠 학생이 없을까 걱정하기도 했습니다. 그때는 자유학교가 지금처럼 번듯한 건물도 생기고, 검정고시뿐만 아니라 교육청으로부터 대안교육 위탁학교로 지정받게 될 줄은 생각조차 못 했습니다.

자유학교에서 대학생 교사로 함께 참여했던 경험이 바탕이 되어, 취약계층 아이들의 교육 문제에 더 많은 관심을 가지게 되었고, 말라위 여학생 교육지원 사업, 베트남 AI 맞춤형 수학교육 프로젝트, 국내 다문화가정 아동 발달연구 등의 다양한 교육 연구를 수행하게 된 게 아닌가 생각해봅니다. 지난 20년간 자유학교를 운영하신 김윤규 교장 선생님, 유상원 (당시) 교감 선생님, 그리고 수많은 한동대 대학생 선생님들 정말 수고 많으셨습니다. 자유학교의 20주년을 진심으로 축하드립니다!

자유학교 1기 교사 / 한동대 경영경제학부 97학번 졸업생 / 서울대 환경대학원 부교수

자유학교의 자유인

공동체 교사 김수미

자유학교 20주년 기념으로 '자유학교 이야기'라는 책이 나온다고 사모님께 연락이 왔고 책 속에 봉사자 선생님께 글을 부탁한다고 하셨다. 초창기 때부터 지금까지 20년 동안 봉사하신 선생님도 계신데 겨우 3년차인 저에게 글을 부탁하신다니 송구한 마음이 들기도 했다. 거절도 못 하고 열심히 써 보겠다고는 했는데 막상 책상 앞에 앉아 글을 쓰려고 하니 막막하기만 했다.

글이라고는 고등학교 때 학교 행사에서 써 본 시화집이 마지막이었는데, 그것도 결혼하고 아이들 키우느라 너무 많아진 짐 때문에 보관하다 보관하다 짐이 되어 버리고 아무것도 남아 있지 않았고, 책도 읽어야지 하면서도 이런 핑계 저런 핑계를 대다가 마음먹고 책을 읽어 볼까 하고 앉으면 몇 장 넘기지도 못하고 책만 들면 스르르 나도 모르게 잠이 들어 버리기 일쑤고, 이제는 눈도 침침해서 읽다가도 "어휴"라고 한숨만 깊어진다. 그래서 어른들께서 젊어서 공부하라고 하신 말씀이 이제야 가슴에 와 닿곤 한다. 이럴 줄 알았으면 열심히 공부 좀 할 걸, 열심히 책 좀 읽어 둘 걸, 후회막급이지만 글쓰기는 쉽지 않다. 그래도 며칠을 고민하다가 지난 몇 년을 회상하며 몇 자 적는다.

결혼하고 아들 셋에 신랑까지 네 명의 남자들과 정신없이 살다 어느 순간 뒤를 돌아보니 20년이란 세월이 훌쩍 지나가고 있었다.
아이들이 커 가니 약간의 여유가 생겼고, 문득, 언제 내가 이렇게 나이를 많이 먹었을까 하는 생각이 어느 순간 뇌리를 스쳤다. 이렇게 살면 안 되겠다는 생각도 들었다. 집에서 무기력하게 TV나 보고 멍하니 시간을 허비하고 싶지 않았다. 비록 작은 일이라도 사회에 기여하는 일을 하고 싶다는 절실함도 있었다. 이제 나도 어딘가에 잘 쓰일 수 있는 사람이 되고 싶었고 그러기 위해서 준비를 해두자는 생각이 들었다. 그때부터 할 수 있는 것이라면 닥치는 대로 배우러 다녔다.
차례차례로 보육교사 자격, 요양보호사 자격, 간호조무사 자격 등을 취득했다. 대학원에서는 사회복지학과를 졸업하고, 포항시 자원봉사센터에서 하는 재능 나눔 자원봉사단 양성교육과정에서 노인 미술치료를 수료하고, 요양원에 한 달에 한 번 무료 봉사도 나갔다. 포항여성회에서 실시하는 성폭력예방교육 상담원 양성과정과 강사과정, 가정폭력 전문상담원 양성과정을 수료하고, 포항시 청소년 성문화센터에서 실시하는 청소년 성교육 활동가 양성과정을 수료하고, 초·중·고등학교 성교육 활동가로도 활동했다.

마지막으로, 포항시 청소년 상담복지센터에서 주관하는 시민상담대학 교육과정을 이수하는 어느 날 자유학교 교장 선생님(그때는 한동대 교수님으로 소개받음)께서 교육과정 중에 일일강사로 들어오셨고 나는 수업을 듣는 학생이었는데, 강의 도중에 자유학교에 대해서 잠깐 이야기를 해 주셨는데 교수님 말씀을 듣는 순간 “바로 저기구나!” 하는 생각이 들었다. 수업이 끝나자마자 뛰어가서 교수님께 자유학교에 제가 무언가 할 일이 없는지 그리고 기부를 하고 싶은데 어떻게 하면 되는지 여쭈었더니, 한번 자유학교를 방문해 달라고 하셨다. 그리고 며칠 후에 방문하겠노라고 약속을 하고 방문을 하고 자유학교를 소개받고 선생님들과도 인사를 나누고, 급식 봉사하시는 분이 부족하시다고 하셔서 선뜻 해보겠다고 했다. 교장 선생님은 바로 나에게 소임을 맡기셨고 시간 되는 요일에 일주일에 한 번 급식 봉사를 해주시면 된다고 하셨고, 그렇게 일사천리로 일이 진행이 되었다. 그렇게 시작해서 새로운 인연을 맺고 자유학교에서 급식 봉사를 하게 된 것이 2018년 7월부터 한 것으로 기억이 된다.

그때부터 지금까지 급식 봉사를 하면서, 내 손으로 누군가에게 따뜻한 밥 한 끼를 맛있게 해 줄 수 있고 맛있게 먹는 이들을 보며 늘 행복함을 느낀다. 매주 한 번씩 오지만 올 때마다 너무 행복하다. 교장 선생님의 따뜻한 미소를 비롯해서 이곳 선생님들은 항상 밝아서 봉사하는 날이 늘 기다려진다. 오늘은 또 무슨 음식을 할까? 잘하든 못하든 늘 칭찬해 주시고, 격려해 주시고 따뜻한 인사와 밝은 웃음이 오가는 이곳에서 일상생활보다 더 많은 행복을 느낀다. 학교를 나와 혼자 괴로워하던 우리 아이들이, 얼마나 자유로운 사람이 되어 대한민국을 이끌어갈 멋진 청소년으로 자랄지 기대하면서, 아마 이들 청소년들에게 자유학교가 사랑과 따뜻함과 밝음을 되찾아주는 가장 행복한 학교이지 않을까 생각한다.

요즘 코로나19로 사회적 거리 두기로 인해서 자주는 못 만나지만, 그래서 자유학교 식구들 너무 보고 싶고 모두 모두 감사하고 또 감사합니다. 자유학교 파이팅!!!

주변 없는 자의 주변 없는 글

교사 김수연

처음 자유학교에 대한 글을 모으고 있다는 소식을 들었을 무렵, '자유학교'는 나에게 그저 [대학생 생활의 일부] 정도로만 기억되었다.
바로 어제 있었던 일도 잊어버리는 정신없는 생활 속에서 9년 전에 함께했던 '자유학교'는 먼 과거로만 느껴졌고 간혹 친구들과 이야기하면서 떠올리는 단편의 추억으로만 일뿐, 내가 어떤 마음으로 지원했고 어떤 행복하고 즐거운 일이 있었는지는 거의 머릿속에 남아 있지 않았다.
바쁘다는 핑계와 함께 원고 작성도 미루고 미루다, 마지막 요청을 받고 나서야 진득이 자리에 앉아 추억을 되새겨보기 시작했다. 오랜만에 꺼내보는 추억이다 보니 잘못 기억하거나 헷갈리는 부분도 분명 있을 것 같지만, 대학생활 내내 함께 했던 자유학교와의 추억이 생각보다 많이 떠올랐다.

2012년 봄 처음으로 포항에 오게 되었을 때, 고등학교 시절 내내 기대했던 만화 같은 대학교 생활을 기대했던 나에게 첫 대학생활은 행복하기보다는 당황스러움에 연속이었다. 자신의 비전과 미래를 구상하며 한동대학교에 지원하는 수많은 학생들과는 다르게 재수는 하고 싶지 않다는 강한 일념으로만 한동대학교를 지원했고, 태어나서 한 번도 교회를 가본적 없는 비기독교 신입생에게 한동대학교는 쉽게 적응하기 어려운 시련만 가득했다. 수많은 기독교 수업은 이해할 수도 받아들이기도 어려웠고 부흥회 같은 첫 오리엔테이션을 겪은 이후, 채플은 답답함을 넘어 숨이 막히는 공간이 되었다. 가족 같은 팀원들도 만났고 새내기 동기들과도 사이좋게 잘 지냈지만, 한동 어디에서나 느낄 수 있는 짙은 종교적인 색채는 어떤 모임, 공동체에서도 완벽한 소속감을 느끼는 데 어려움을 주었다. 그렇게 1학기 만에 대학 생활이 아쉽고 재미 없어질 무렵, 팀원들의 추천으로 자유학교를 알게 되었고, 공부도 재미없는데 대학시절 동안 동아리 하나 해보고 싶다는 생각과 마음 맞는 친구나 좀 사귀어보자는 가벼운 마음으로 동아리 지원서를 제출했다.

자유학교에 처음 지원했을 때도 굉장히 가벼운 마음이었고, 원래부터가 봉사정신이 투철하거나 외향적인 편도 아니었기에 오랜 시간 동아리 활동을 하게 될 거라고는 전혀 예상하지 못했다. 하지만 자유학교는 5년이라는 제법 긴 시간동안 줄곧 나와 함께하였고 대학생활을 넘어 내 인생에서 후회하지 않은 경험이 되어주었다. 2012년 가을부터 2017년 봄까지 자유학교는 끊임없이 변화했고 그 변화의 과정에 함께하며 더 넓은 세상을 바라볼 수 있는 시각과 나와 다름을 받아들일 수 있는 마음의 공간, 그리고 일반적인 대학생이라면 경험하지 못했을 수 많은 고민들을 만들어줬다. 그리고 그 속에서 만난 다양한 사람들과 함께, 즐겁고 기분이 좋아지는 일이 많았기 때문에 오랫동안 할 수 있었던 것 같다.

학생들을 가르치고 교류하면서 영향을 받았을 많은 선생님들과는 조금 다르게 난 학생들을 가르치면서 느낀 보람보다 자유학교라는 공간과 그곳에서 만난 사람들, 내게 주어졌던 역할에서 더 많은 영향을 받았다고 생각한다. 만났던 수많은 학생들 혹은 인상 깊었던 수업이 아닌 포항 육거리 시내에 부스를 세워 자유학교를 소개하거나, 매주 한 번씩 반별로 모여 학생들에 대해서 이야기하고 고민을 나누던 시간이 더 먼저 떠오르는 걸 보면 다시금 나는 학생들을 가르치는 건 그렇게 큰 관심사가 아니었던 거 같다. 하지만 동아리로써 자유학교는 내게 소속감을 느끼게 해주었고, 오래도록 함께 할 친구들을 선물해 주었다.

얼마 전 읽었던 책에서 본 문장 중 "다른 사람의 삶에 무엇인가를 보내면, 그것은 모두 우리 자신의 삶으로 되돌아온다."라는 말이 있었다.
나를 필요로 했던 학생들에게 자유학교 선생님으로서 수학을 가르쳐주고, 언니로서 속상한 이야기를 들어주고, 누나로서 싫은 소리를 해줄 수 있었다면 그 학생들이 만들어낸 자유학교는 내게 오래도록 함께 할 친구와, 재미없는 대학교를 다닐 보람과, 안정감을 줄 수 있는 소속감이 되어 돌아온 것 같다. 어쩌면 준 것보다 더 큰 걸 받은 나에게 있어서는 밑지지 않는 남는 장사였다는 생각이 든다.

현재 나는 하루하루가 스펙터클한 스타트업에서 회사 생활을 하고 있다. 이곳에는 자유학교 학생들처럼 대학을 진학하지 않은 채 자신이 하고 싶은 걸 일찍 찾아낸 동료도 있고, 헉 소리 나는 스펙과 함께 명석한 지식을 가진 동료도 함께한다. 내가 속한 회사는 나이와 직급에 상관없이 모두가 서로에게 평어를 쓰는 독특한 회사 문화가 있는데, 동갑내기 친구들에게도 선생님이라 부르고, 존댓말을 쓰면서 일을 했던 대학교 때와는 정반대로 오히려 대학을 졸업한 뒤 직장 생활에서 반말을 쓰면서 일하고 있다는 게 새삼 참 아이러니하게 느껴진다.

바쁜 회사 생활을 핑계로 마지막으로 포항에 갔던 게 벌써 4년도 훨씬 지난 걸 보니, 어쩌면 내 기억 속에 있는 자유학교는 전혀 다른 모습으로 그 자리에 있을 지도 모르겠다. 더 잊어버리기 전에 시간을 내어 한 번 슬그머니 갔다 올 수 있는 시간이 있었으면 싶다.

안 그래도 없는 글주변으로 오랜만에 글을 적다 보니 문맥도, 문장도 다 이상한 것 같아 몇 번이나 지우고 다시 썼지만, 결국 마지막까지도 무슨 이야기를 하는지 하나도 모르는 이상한 글이 되어버렸다. 이 엉망진창 글을 제출하는 게 맞는지 마지막까지도 고민이 들지만 그래도 나의 추억을 읽고 공감할 누군가가 있지 않을까 하는 마음이 든다. 이 글을 적으며 떠오른 수많은 추억들에 다시금 행복한 시간이었다. 내일은 다시 월요일이니까 얼른 정리하고 출근이나 준비해야겠다.

나도 검정고시 쳤어

교사 김의겸

저는 남들과는 다른, 조금 특별한 학창시절을 보냈습니다. 저는 중학교와 고등학교를 다니지 않고 홈스쿨링을 했었고, 검정고시를 통해 중고등학교 졸업장을 받았습니다. 자유학교의 아이들처럼 '학교 밖 청소년'이었던 셈입니다.

처음 자유학교에 지원할 때, 저는 검정고시를 통해 중고등학교를 졸업한 제 경험이 자유학교에서의 활동에 도움이 될 줄 알았습니다. 물론 제가 경험한 '학교 밖'과 아이들의 '학교 밖'이 성격이 다르다는 것은 알았지만, 그럼에도 조금은 비슷한 처지라고 생각하였습니다. 그래서 아이들을 이해하고 가르치는 데 도움이 될 것이라고, 아이들의 마음과 공감을 이끌어낼 수 있을 것이라고 생각했었습니다. 제가 참 안일하게 생각했다는 사실을 깨닫는 데에는 시간이 그리 오래 걸리지 않았습니다.

저는 홈스쿨링을 하던 당시 학원을 운영하시던 부모님께 각종 교과목을 배웠습니다. 그래서 스스로 노력하지 않아도 질 좋은 교육의 기회를 손쉽게 누릴 수 있었고, 덕분에 정말 손쉽고 편안하게 검정고시 합격 증서가 주어졌습니다. 저에게는 이리도 쉽게 주어진 합격 증서인데, 자유학교의 아이들과 검정고시 합격 사이에는 온갖 장애물이 놓여있었습니다. 심한 경우에는 공부보다 당장 오늘 먹을 밥을 먼저 걱정해야 하는 아이들. 그런 아이들에게 "나도 검정고시 쳤어"라는 신입 교사의 말이 어떻게 들렸을까요?

그럼에도 불구하고 많은 아이들이 참 고맙게도 열심히 학교에 나와 제 수업을 들어주고, 또 열심히 공부하였습니다. 저는 감히 상상도 하지 못한 사연을 가지고도 자기 나름의 꿈과 목표를 가지고 좌절하거나 포기하지 않고 공부하던, 그리고 결국 검정고시에 합격해서 자랑스럽게 자유학교를 졸업한 아이들이 참 대단하고 멋있어 보였습니다.

저에게 검정고시 합격 증서는 특별할 것이 없습니다. 하지만 자유학교의 아이들에게 검정고시 합격 증서는 힘겨운 하루하루를 이겨내고 달성한 결과이고, 동시에 아이들도 목표에 도달할 수 있는 능력과 가능성이 있음을 보여줍니다. "함부로 동정하지 말라"고 말씀하신 교장 선생님의 말씀처럼, 억지스런 공감과 동정이 필요한 아이들이 아닌 것 같습니다. 오히려 저보다 더 큰 가능성을 가진 아이들에게 '나도 검정고시를 쳐봤는데, 너희는 정말 대단한 것 같다'고 격려할 수 있을 것 같습니다.

한동 최고의 집단지성

저는 나이와 학번에 비해 늦게 자유학교 활동을 시작해서 다른 선생님들에 비교하면 경험이 부족한 편입니다. 그런데 지금 이렇게 교무부장까지 하고 있습니다. 지금이야 "아직도 졸업 안했어?"라는 말을 듣는 고학번이지만, 앞선 교무부장, 보직 선배들에 비교하면 여전히 경험의 깊이가 얕기만 합니다. 그럼에도 불구하고 닥쳐오는 일들을 거뜬히 해내면서 즐겁고 감사히 자유학교 생활을 이어오고 있습니다.

가끔 동료 선생님들에게 "자유학교는 한동대학교 최고의 집단지성"이라는 말을 합니다. 김윤규 교장 선생님께서 종종 하시던 말씀을 일부 빌려온 말인데 정말 공감이 되어서 반쯤 진담으로 이야기하곤 합니다. 교만한 소속감에 젖어 하는 말은 아니고, 짧은 시간이지만 자유학교를 나름대로 경험하며 느낀 바를 솔직하게 이야기 한 것입니다. 이렇게 부족한 제가 교무부장을 하는데도 자유학교는 여전히 문제없이 잘 돌아가고 있으니까요. 한 명의 힘이 아닌 뛰어난 모두의 힘으로 자유학교는 만들어진 것 같습니다.

그런 자유학교의 모든 구성원들, 교장·교감 선생님들, 공동체 선생님들, 동료 선생님들, 특히 한 학기 내내 함께 머리를 맞대고 고민하는 보직들 모두가 아이들에게는 물론 제게도 최고의 선생님입니다. 심지어 아이들도 깨달음을 줍니다. 처음에는 가르치러 왔는데, 오히려 제가 더 많이 배워가고 있습니다.

자유학교에서 보낸 저의 2~3년은 학교의 20년 역사에 비교하면 짧기 그지없지만, 자유학교를 스쳐 지나가는 수많은 사람 중 한 명이 될 수 있었다는 사실이 감사하기만 합니다.

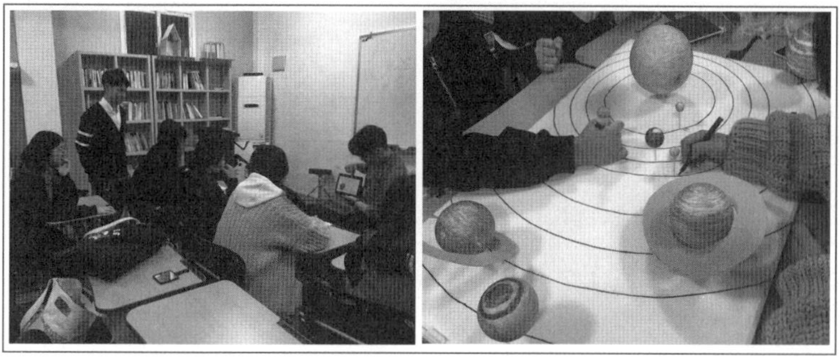

꽃밭이다 / 별빛이다

공동체 교사 김정미

꽃밭이다

꽃밭이다
무심코 지나다니면
보지 못하는 꽃밭

바람에 날려온 꽃씨들이
움트고 자라는 곳이다

아빠로
엄마로
선생님으로
형아로
누나로
친구로...

여러 마음과 손길로 가꾸어지는 곳

길러주시는 분은 주님이시고
어떤 꽃으로 피어날 지 아시는 분도
주님이시다

훨훨 날아 꽃 피우게 될 꽃씨들이
움트고 자라는
숨겨진
꽃밭이다

—

별빛이다

하늘의 별은
캄캄할 때에 빛난다

바다의 별은
햇살이 눈부실 때에 빛난다

마음의 별은
누군가에게 나를 줄 때 빛난다

가장 찬란한 빛은
우리 마음의
별빛이다

포항사람의 자유학교

교사 김창규

청소년 자유학교를 거쳐간 모두가 그렇겠지만, 나에게 자유학교는 그들보다 조금 더 특별한 곳일 수밖에 없다. 그건 바로 내가 포항에서 태어나 포항에서 모든 교육과정을 마친 완전한(?) 포항사람이기 때문이다.

연극동아리 선배의 손에 이끌려 자유학교에 첫 발을 들였을 때, 나는 외계인(?) 들을 만난 것 같았다. 사실 나는 초중고 12년 동안 단 한 번의 결석, 조퇴, 지각이 없었고, 학업성적도 비교적 나쁘지 않아 늘 졸업식 때마다 개근상과 우수상을 받은, 이른바 모범생으로서의 삶을 살아왔다. 그 시절 포항은 비평준화 지역이었기에 당연하게도 내 친구들과 주변 또래 사람들 중 최종학력이 고졸 이하인 사람은 없었다. 그런데 21세기에 고등학교 졸업장을 목표로 하는 아이들이라니... 그것도 내가 살아온 곳과 같은 공간인 이곳 포항에서... 내가 20여 년간 살아온 환경으로는 너무 이해하기 어려운 부분이었다.

외계인(?) 학생들은 역시 예상대로, 예상할 수 없는 아이들이었다. 수업시간에 자는 건 기본 중에 기본이고, 쉬는 시간이면 담배 피우러 다녀오겠다고 당당히 말하고, 심지어 민증 검사 때문에 못 샀다며 선생에게 돈을 주며 담배 구입을 부탁하는 아이들도 있었으니, 이 아이들을 어떻게 바른길로 인도하고 학업을 이끌어야 하나 많은 고민을 하곤 했었다.

물론 그런 고민은 나 혼자만의 고민이 아니라 자유학교의 선생이라면 당연히 누구나 가졌을 고민이었고, 그럴 때마다 교장 선생님이 해주셨던 말씀이 우리에겐 가이드라인이 되었다.
"아이들의 인생을 책임지려 하지 마라. 우린 그저 그들이 고등학교 졸업장이라는 사회구성원으로서의 최소 자격증을 갖추고자 할 때 옆에서 거들어 줄 뿐이다."
어찌 보면 냉정하게 들릴 수도 있는 이 말씀으로, 교사로서의 사명감을 내려놓지 못해 힘들어하던 나와 동료 교사들의 부담을 조금은 덜 수 있게 해주셨던 것이다. 그러한 부담을 덜어내고 마주한 아이들은 더 자연스럽고 친숙하게 대할 수 있었고, 오히려 더 인간적인 관계를 맺을 수 있었던 것 같다.

자유학교에서 가장 감동적이었던 순간은 과거의 학생을 동료 교사로 만난 순간이었다. 물론 그 학생은 자유학교의 평균적인 학생들과 달리 사고를 일으켜 학교에서 퇴학을 당하거나 자퇴를 한 친구는 아니었다.

정확히 기억이 나지 않지만, 개인적인 사유로 학교를 자퇴하고 검정고시를 준비하며 또래보다 먼저 고등학교 졸업장을 받은 친구였는데, 타지에서 대학교를 다니다가 방학 동안 고향에 내려와 잠깐 자유학교 교사로 함께 일하게 된 것이었다. 자신이 받은 교사들의 따뜻한 마음을 잊지 않고, 그 마음을 누군가에게 다시 전해주려 온 그 학생의 마음이 너무 감동적이었고, 교사로서 느낄 수 있는 최고의 보람이 아니었을까 한다.

자유학교에서 수십 명의 학생들을 만났고, 그보다 훨씬 많은 숫자의 선생님들을 만났다. 지금 생각해보면 학생들이야 검정고시 합격이라는 뚜렷한 목적이 있었지만, 그 수많은 선생님들은 도대체 어떤 이유와 목적이 있어서 그 자리에 있었는지 궁금하다. 각자의 이유가 있겠지만 나의 경우엔 자유학교 선생님들에 대한 감사한 마음이 그곳을 계속 지키게 한 가장 큰 이유였다. 앞서 말했듯이 나는 포항사람이다. 비록 고향을 대표하는 자리에 있지는 않지만, 타지에서 온 젊은이들이 나의 고향 후배들을 위해 늦은 시간, 먼 곳까지 와서 봉사하고 있다는 사실은 나로 하여금 책임감과 감사함을 느끼게 하는 부분이었다. 그리고 그 마음은 졸업한 지 11년이 지난 지금까지도 여전히 간직하고 있다. 이 기회를 빌어, 2001년 개교 후 지금까지 청소년 자유학교에 몸담았던 모든 교사들에게 존경과 감사의 마음을 전하고 싶다.

사소하고 시시콜콜한 나의 자유학교 이야기

교사 민은지

1.

누구에게나 그런 이야기들이 있다. 시시콜콜하게 떠올리면 할 말이 많은데, 막상 꺼내놓기엔 너무나도 별 것 아닌 소소한 이야기들. 그러다 한 번 늘어놓기 시작하면 며칠 밤을 새워도 모자랄 만큼 주렁주렁 열리는 이야기들. 겨울밤 뜨끈한 온돌방 안에서 같이 이불 뒤집어쓰고 귤 까먹으면서 나누기 딱 좋은 이야기들. 이미 지나버린 시절에 대한 추억이나 소중한 사람에 대한 마음 같은 것들. 자유학교에 대해 떠올리면 그런 이야기들이 자꾸만 생각난다. 너무나도 평범해서 누군가에게 들려주기 어쩐지 조금 낯부끄러운 이야기들이.

2.

야간학교에서 아이들을 가르치려고 마음먹었을 때는 그리 굉장한 결심 같은 게 필요하지 않았다. 내가 고등학교를 다니던 시절 어떤 교회 오빠는 대학을 서울로 진학한 후 갑자기 야학 선생이 되었고, 어린 내 눈엔 그 모습이 굉장히 근사해 보였다. 정작 나는 저 먼 포항 구석 어딘가로 내려가 버렸지만, 그 산 중턱에 박혀있는 학교에서도 비슷한 뭔가가 있었다. 처음 자유학교 이야기를 듣자마자 "저 그거 하고 싶어요!" 하고 번쩍 손을 들어버렸고, 나는 그렇게 얼렁뚱땅 선생이 되어버렸다.

돌이켜보면, 사실 처음에는 그 이름이 주는 호칭에 약간 취해 있었던 것 같다. 선생님이라니! 지금까지 누군가 나한테 'ㅇㅇ님'이라고 이름 불러준 적이 있었던가? 갓 고등학교를 졸업한, 아직도 솜털이 보송한 스무 살이 취하기에 그보다 달콤한 보상이 어디 있을까. 자유학교는 뭐랄까 좀 독특한 곳이었다. 교사 자격증도 없는 대학생들을 모아다가 선생님이라고 이름 붙여놓고는 어설프고도 이상한 짓들을 하곤 했다. 하지만 나는 고약하고 못된 심술을 가진 누군가의 작당에 함께 동참한 것 같아서 기분이 꽤나 좋았다. (지금 생각해보니, 바로 그게 누군가의 함정이었던 것 같기도 하지만 이건 순전히 기분 탓이겠지)

3.

우리의 목표는 폐교였다. 단 한 사람이라도 우리가 필요하다면 우리는 기꺼이 그곳으로 달려갈 테지만, 우리 모두는 진심으로 학교가 더 이상 필요 없어지기를 바랐다. 그 단 한 사람은 누구라도 상관없었다. 심지어 계주에서 한참 뒤처진 꼴찌여도 괜찮았다. 애당초 우리가 바라는 건 등수가 아니라 완주였다. 일주일에 한 번 정도는 늦은 오후부터 적어도 반나절은 자유학교에서 보냈다. 아니, 사실 수업이 끝나고도 매주 동료 교사들이랑 술을 마시러 다녔으니 어찌 되었든 일주일 중 최소 하루는 자유학교의 날이었다.

일단 우리는 공부라면 진절머리를 치는 아이들을 데려다가 책상에 앉혀놓고는, 그 아이들에게 어떻게든 졸업장 한 장 쥐여주겠답시고 끙끙거렸다. 이전에는 못해봤던 것들도 경험하게 해주고 싶었다. 이상한 대안 수업 같은 것들을 만들어서 수업시간에 악기를 배우거나, 뭔가를 조립하거나 그랬다. 그러다가 나중에는 스케일을 키워서 옥상에 텃밭을 만들어 농사를 짓거나, 말을 타러 다니거나, 뭐 그러기도 했던 것 같다. 사실 그래서 뭘 했는지는 다 기억이 나지 않지만, 이번엔 뭘 또 해줘야 하나 고민하면서 매번 머리를 쥐어뜯었던 기억만큼은 선명하다.

4.

어떤 학기엔가는, 매주 열정적으로 수업을 째고 도망 다니던 학생이 있었다. 그런 학생이 간만에 자유학교에 왔다가 '친구 얼굴 봤으니 이제 다시 가려고요!' 하며 뛰쳐나가길래 붙잡아 세웠다. 그냥저냥 지낸다는 학생에게 "너 어차피 땡땡이쳐봤자 어디 박혀서 술이나 마실 거잖아. 차라리 쌤한테 연락해, 같이 한잔하자."라고 말했는데, 그날 저녁에 바로 연락이 왔다. 우리는 각자 소주를 한 병씩 마시면서 한참을 키득거렸다. 자리를 털고 일어나서 늦은 시간이니 집에 데려다주겠다고 했더니 그 학생은 깔깔 웃으면서 나에게 말했다.

“쌤. 밤거리 지나다니면 제가 시비 털릴 것 같아요? 아님 쌤이 시비 털릴까요?”

그 말에 또 빵 터져서 우리는 같이 배를 쥐어짜며 웃었다. 여자아이였지만 주먹으로 포항 바닥 좀 휘젓고 다닌다는 학생이었다. 진한 스모키 화장을 하고 의자에 비스듬히 걸터앉아서 발끝을 까딱거리던 첫 만남이 떠올랐다. 매 수업 시간마다 “아니 근데 쌤 이런 건 왜 외워야 되는 건데요?” 하는 질문 따위로 날 곤란하게 만들던 친구였다. 그런 아이에게 수학 공식 몇 개 알려주겠답시고 한 학기 내내 투닥거린 적도 있었다. 누가 봐도 우스운 관계였다.

“크크크, 그거야 당연히 나겠지만, 그래도 꼴에 선생이니까 내가 바래다줄게.”

그러면서 몇 살 차이 안 나는 나한테 꼬박꼬박 선생님이라는 호칭을 써야 하는 게 억울했다던 아이를 토닥이며 집까지 바래다주었다. 거창한 인생 상담이랄 만한 이야기는 없었고, 그저 집 앞까지 함께 걸었다. 그리고 집 앞에 다다랐을 때쯤, 그 아이는 내게 고맙다는 말을 했다. 그래도 이름 불러주고, 별거 아닌 이야기 들어주고, 또 데려다줘서 고맙다고.

“제가 아무리 밖에서 그러고 다니고, 또 스무 살이 넘었어도 있잖아요, 쌤. 전 아직도 보호자가 필요한 학생인 것 같아요.”

그 말을 마지막으로 남기고 학생은 집으로 쏙 들어가 버렸다. 매주 술 먹자고 연락이 오면 어떻게 달래야 하나 고민했는데, 우리의 술자리는 그게 처음이자 마지막이었다. 다음 주부터 그 친구는 아무 일도 없었다는 듯이 학교에 나와서 갑자기 열심히 수학 공식을 외우기 시작했다.

5.

우리는 종종 그런 학생들을 '날 것 그대로의 아이들'이라고 표현하곤 했다. 너무 솔직해서 가끔은 거칠기도 하고, 자기를 숨기는 것에 서툰 아이들. 종종 그런 꽃망울 같은 아이들에게 고작 나 따위가 대체 뭘 해줄 수 있나 고민하다가, 아무래도 답이 선뜻 나오지 않아서 나는 정답을 맞추기를 포기했다. 대신 눈을 맞추며 아이들의 이름을 불러주었다. 출석을 핑계로 한 명씩 이름을 부르면서 눈을 빤히 바라보는 낯간지러운 짓을 매주 했다. 가르친 내용은 기억나지 않고, 출석시간이 기억에 가장 오래 남는 교사 생활이라니. 나는 그토록 모지리 같은 선생이었다.

교장 선생님은 매 학기마다 나 같은 선생들을 한 무더기씩 불러서 배불리 먹이면서 말씀하셨다. 아마도 학생들은 우리를 만나기 전에 이미 한 인간으로서의 90% 정도가 완성되어 있을 것이라고. 언젠가 열매 맺기를 기대하며 남은 10%에 이 많은 사람들이 달려드는, 도무지 수지타산에 맞지 않는 일을 우리는 하고 있는 것이라고. 그러니 당신들의 노고에 더더욱 감사드린다- 와 같은 훈화 말씀은 너무나도 황송해서 자꾸 곱씹기엔 민망했다. 그래서 동료 교사들과는 가끔 모여서 대단치 않은 수다나 떨거나 수업 끝나고 술이나 마시러 다녔다. 또 그러다 가끔 노래방이라도 가면 우리는 어깨동무를 하고 다 같이 god의 '촛불하나'를 불렀다. 모두 같은 마음을 가지고 있었을 거라고 생각한다. 자유학교 출신이라고 하면 학생이든 교사든 마음이 몽글몽글하도록 반가워져서 언제나 두 팔 가득 끌어안고 싶은 마음이 들고는 했다.

사실 학생들과 마찬가지로 선생들도 역시 자라고 있는 존재였다. 우리 모두는 매일 새로 자라나는 스스로의 모습이 낯설었을 것이고, 그 움트는 생명력과 뻗어져 나온 에너지, 점점 세밀해지는 감정을 어찌할 줄 몰라 가끔 사고도 좀 치곤 했을 것이다. 다들 이번 생은 처음이라, 매번 새롭게 찾아오는 상황들이 불안하고 두렵기도 했지만, 자유학교엔 그럴 때 의지할 수 있는 친구들이 있었고, 선생님들이 있었다. 준 사람은 별로 없는데 받은 사람은 가득했다. 자유학교는 정말 이상한 곳이었고, 나는 그게 더할 나위 없이 좋았다.

6.

또 시간이 흘러 지금 나는 제주에 살고 있고, 몸의 언어에 새롭게 관심을 가지기 시작했다. 그러면서 어쩌다 보니 자유학교 학생들보다 훨씬 더 어린아이들을 매주 몸으로 만나고 있다. 아직 소근육 발달도 다 되지 않은, 90%가 미처 형성되기도 전의 더 말랑말랑한 아이들. 몸이 부서져라 안아주기에도 모자란 이 아이들이 10년쯤 뒤면 자유학교 친구들 또래가 될 테지. 부족한 내가 줄 수 있는 건 여전히 아이들의 이름을 불러주고, 눈을 맞춰 웃어주고, 손을 잡거나 꼬옥 안아주는 것뿐이다. 결국 모두 자유학교에서 배운 것들이다. 대단한 결심으로 시작한 일이 아니었는데, 되려 내가 받은 것들이 너무나도 많다.

7.

아마도 우리 모두는 믿을 것이다. 누군가에게 무모하고 의미 없어 보이는 일일지라도, 누군가는 꾸준히 해나갔기에 가능한 작은 변화가 있다고. 자유학교의 20주년을 축하하며, 그동안 함께 해준 모두에게 그립고 보고픈 마음을 꾹꾹 눌러 담은 편지를 쓰듯 마음을 보낸다.

응원하는 사람들

교사 박찬영

안녕하세요, 16-2기수 박찬영입니다.

자유학교가 만들어 온 20년에, 작은 흔적으로나마 함께할 수 있어 감사한 마음입니다.

새내기 시절, 룸메이트가 자유학교를 소개시켜 주었습니다. 당시 동아리 활동에 대한 큰 욕심이 없었지만, 자유학교의 이야기를 듣고, 자유학교 같은 동아리라면 하고 싶다는 생각을 하게 되었습니다. 그리고 그렇게 시작한 자유학교는 저에게 동아리 이상의 의미가 되었습니다.

자유학교 활동을 생각하면 언제나 즐거웠던 순간의 기쁨이 마음속에 차오릅니다. 일주일에 한번 나가는 수업도, 자유학교에서 먹는 맛있는 저녁식사도, 목요일 밤 교사회의도, 선생님들과 함께 하던 대청소도, 신나게 게임했던 체육대회도, 못 타던 놀이기구지만 끌려가서 탔던 소풍도, 신입 선생님들을 만났던 면접 도우미, 신입 프로그램도. 생각하면 미소가 지어지는 추억들로 자유학교는 남아있습니다.
그중에서도, 가장 의미 있던 순간은 아이들과 함께하던 순간이겠지요. 사실 자유학교에서의 수업이 쉽지만은 않았습니다. 준비하는 데 너무 많은 시간이 들어 때로는 대충 해버릴까 하는 생각도 종종 했었고, 준비한 수업을 제대로 들어주지 않을 때는 속상하기도 했습니다. 혹여나 너무 재미없어서, 내가 잘못하고 있어서, 아이들에게 더 좋은 수업을 해주지 못했기 때문은 아닐까 마음 썼던 순간들도 많았습니다. 하지만 그럼에도 불구하고, 처음보다 조금씩 마음의 문을 열어가는 아이들이 모습이 보여서, 선생님이라는 이유로 자신들의 이야기를 들려주고, 나를 믿어주는 아이들이 고마워서. 조금씩 성장하며 변화되는 아이들이 보였기 때문에 자유학교를 떠날 수 없었던 것 같습니다. 그래서 더 잘하고 싶었습니다.

처음 수업을 시작할 때 자신은 수학이 싫다고 협박 아닌 협박을 했던 학생이 있었습니다. 수업을 하기 싫어서 짜증을 부리기도 하고, 반항을 하기도 했었죠. 심지어 가출을 해서 3주 동안 학교에 나오지 않아 수업을 하지도 못하고 돌아온 날들도 있었습니다.
그리고 어느 날, 그 친구가 다시 자유학교로 돌아왔다는 소식을 듣고 작은 쪽지를 써갔습니다. '너는 소중해'라는 말이 적힌 카드 뒤에 '돌아온 걸 환영해, 우리 다시 열심히 공부해보자'라는 한 줄이었죠. 고맙다고 지갑에 잘 넣어두겠다고 하더라고요. 그렇게 우여곡절 끝에 한 학기가 마무리되었습니다. 방학이 지난 뒤 다시 만난 이 친구가 저에게

"쌤, 저 아직도 그 편지 지갑에 넣고 다녀요, 선생님 때문에 이제 수학 잘할 수 있어요"라고 말해주었습니다. 물론 수학을 잘할 수 있는 것이 제 덕분에는 아니겠지만, 그래도 '나는 너를 진심으로 응원해'라는 마음이 전해진 것 같아서, 이 아이가 그 마음을 알아주어서 너무 감사했습니다. 느리게 보일지라도 조금씩, 조금씩 성장해가는 아이들의 모습이 주는 감격은 제 선택이 옳았다는 것을 언제나 증명해주었습니다.
비록 아이들이 졸업을 한 뒤 소식을 알 수 없고, 아마 자유학교도 희미해지는 순간이 오겠지요. 하지만 인생을 살아가며 힘들 때마다, 옛날에 나의 행복을 진심으로 바라고, 나의 삶을 진심으로 응원했던 사람들이 있었다는 사실만은 아이들이 잊지 않았으면 좋겠습니다. 그리고 흔들리는 순간마다, 우리의 지지가 그들을 다시 일어나게끔 하는 힘이 되어주길 바라는 마음입니다.

감사할 수밖에 없는 순간들로 가득 채워준 자유학교, 이제껏 그래왔던 것처럼 앞으로도 많은 사람에게 행복이 되는, 따뜻한 자유학교이길 소망합니다.

라디오 뮤지컬 〈자유학교〉

교사 백예인

청소년 자유학교는 개교를 할 때부터 외부의 많은 관심을 받아왔다. 지금은 탈학교 학생들을 위한 기관들이 꽤 많지만, 20년 전 청소년 자유학교가 개교했을 때는 그런 기관들이 거의 없었다. 그래서 외부의 관심이 많을 수밖에 없었고 언론 취재도 심심치 않게 있었다. 그러나 종종 언론사의 기획에 맞춰 학교 현실과 다른 기사들이 나오곤 해서 언론 취재가 늘 달갑지는 않았다.

2006년, TBC에서 청소년 자유학교를 취재하고 싶다며 찾아왔고, 자유학교 학생들과 선생님들의 이야기를 들은 담당 PD는 자유학교의 이야기를 라디오 뮤지컬로 만들고 싶다고 제안을 했다. 이전에 언론들이 자신들의 입맛에 맞게 자유학교를 묘사했던 경험이 있었기 때문에 청소년 자유학교는 TBC의 제안을 단번에 수락하는 것이 쉽지 않았다. 고민 끝에 교장 선생님이신 김윤규 교수님께서는 담당 PD의 제안에 조건을 내걸었는데, 첫 번째 조건은 청소년 자유학교를 솔직하게 그린 이야기여야 한다는 것이었고 두 번째 조건은 청소년 자유학교 학생들이 직접 노래를 불러야 한다는 것이었다. 솔직하고 꾸밈없는 청소년 자유학교의 이야기를 바라셨기 때문이었다. 방송국 제작진은 그 제안을 받아들여 뮤지컬 제작에 나섰다. 제작진은 작곡가와 함께 수차례 학교에 방문해서 학생들과 교사, 부모님들의 이야기를 듣고 학생들의 일기나 글을 참고해서 시나리오를 작성하고 총 14곡의 노래를 만들었다.

뮤지컬이 완성되기까지 걸린 시간은 1년. 그 당시 연구부장이었던 나는 학생들과 틈틈이 뮤지컬 노래가 그려진 악보를 들고 학생들과 노래 연습을 했다. 우리의 목소리가 라디오를 통해 나간다는 사실에 학생들은 악보를 잘 보지 못하면서도 열심히 연습을 했던 걸로 기억한다. 늦은 시간까지 연습하고 같이 떡볶이를 먹었던 것은 더불어 추억이 되었다. 뮤지컬이 제작되던 1년간 우리는 노래가 현실로 이어지는 놀라운 경험을 했다. 뮤지컬에 등장하는 헤어 디자이너가 꿈인 여학생이 자유학교를 통해 연결된 미용실에서 일하면서 자격증을 따고, 프로게이머를 꿈꾸던 남학생이 전국 게임 대회에 나가 우승을 한 것이다. 이 소식들은 우리에게 더 열심히 노래를 연습하고 뮤지컬 완성을 향해 나아갈 수 있도록 힘을 주었다.

2006년 마지막 날 방송되는 뮤지컬을 위해 학생들과 교사들은 방송 며칠 전 녹음을 하러 TBC가 있는 대구에 갔다. 방송으로만 봤던 스튜디오에서 직접 노래를 부르고 녹음한다는 것에 흥분했고, 실수하지 않으려고 애썼다. 방송이 나간 것은 30분 분량이었지만, 그 방송을 위해 우리는 거의 하루 종일 녹음했다. 마지막엔 다들 녹초가 되었지만 참여했던 학생들과 교사들의 얼굴은 밝았다.

2006년 12월 31일, 라디오를 통해 뮤지컬 <자유학교>가 방송되었다. 프로 가수들이 아니어서 음정도 불안정하고 노래 실력도 제각각이었지만 실제 학생과 교사, 학부모가 자신들의 이야기를 들려주었다는 점은 사람들 마음속에 감동을 주기 충분했다. 특히 여학생과 여학생의 엄마가 함께 노래를 불렀던 곡은 듣는 사람들을 울컥하게 만들었다. 라디오 뮤지컬 <자유학교>를 기획한 담당 PD는 이 뮤지컬로 '이 달의 PD' 상을 수상했다.

15년 전 녹음했던 뮤지컬 <자유학교>를 들어본다. 마음 한구석이 찡해지기도 하고 슬며시 웃음이 새어 나오기도 한다. 청소년 자유학교 개교 30주년엔 라디오가 아닌 무대에서 볼 수 있는 뮤지컬을 하게 될까 하는 상상을 해본다.

자유학교, 그리고 뿌리 깊은 나무

교사 은지민

안녕하세요. 저는 2011년부터 2012년까지 청소년 자유학교에서 국사 과목을 지도하였으며, 김윤규 선생님의 조교로 일하였던 한동대학교 법학부 08학번 은지민이라고 합니다. 먼저, 청소년 자유학교가 2021년 20주년을 맞이하였다는 사실에 너무나도 기쁘고, 지금 이 순간에도 청소년 자유학교에서 학생들을 위하여 부단히 노력하고 계신 여러 선생님께 진심으로 감사한 마음을 전하고 싶습니다.

저는 중, 고등학교 시절 소위 말하는 불량 학생이었습니다. 학창 시절, 친구들과 어울려 다니며, 다른 학교에 다니고 있던 학생들과 자주 다투었고, 어른이 된 이후 접해야 할 술, 담배 또한 어린 나이에 접하였습니다. 그렇기에 대다수의 학교 선생님 등 주변의 어른들은 항상 저를 좋지 않은 시선으로 바라보았지만, 저는 주변 어른들의 비판적인 시선에도 전혀 아랑곳하지 않았습니다. 지금 생각해보면, 혈기 왕성할 무렵 쉽게 볼 수 있는 이유 없는 반항심 때문에 주변 어른들의 비판을 더욱 완강하게 외면하였던 것 같습니다.

학창 시절 당연히 학업에 전념하지 않았기 때문에 성적 또한 좋지 않았고, 저는 재수 과정을 거쳐 2008년 한동대학교에 입학하였습니다. 그리고 저는 2011년 군에서 전역하여, 복학한 이후, 청소년 자유학교에 대해 처음 알게 되었습니다.

청소년 자유학교에서 일할 선생님을 모집한다는 소식을 접한 이후, 저는 학창 시절 주변의 어른들과 관련하여 많은 생각을 하게 되었습니다. 만약 당시 어른들이 나의 행동을 조금이나마 이해해주고 따뜻한 말 한마디라도 건네주었더라면, 조금이라도 나를 이해하려는 듯한 모습을 보였더라면, 참 좋았을텐데.... 이런 생각을 반복하던 도중, 적어도 학창 시절 당시의 제 모습과 비슷한 삶을 살고 있거나, 혹은 다른 삶을 살고 있더라도, 저 스스로가 그들을 이해해주고, 따뜻한 말 한마디 건네줄 수 있는 어른이 되어주는 것은 어떤지 생각하게 되었고, 망설임 없이 청소년 자유학교에 가입 신청서를 제출하게 되었습니다.

청소년 자유학교에서 일할 당시 저의 모습이 다른 선생님들과 항상 같았던 것만은 아닙니다. 다른 선생님들이 담배를 피우는 학생들에게 담배를 끊는 건 어떤지 상냥하게 제안하셨던 것과 달리, 저는 담배를 피우는 학생들과 함께 담배를 피우며, 어떤 고민은 있는지, 수업에서 개선해야 할 부분은 어떤지 묻고는 하였습니다. 그리고 이러한 저의 모습을 보며, 다른 선생님들은 걱정스러운 모습을 보이기도 하셨습니다.

지금 생각해봐도, 학생들과 함께 담배를 피우는 성인의 모습이 그다지 올바른 것은 아닌 것 같습니다. 다만, 청소년 자유학교에서 일할 당시의 제가 판단하였을 때, 저는 학생들과 같은 수준에서, 그리고 같은 입장에서 이야기를 나누고, 학생들의 고민을 조금이나마 상세하게 알고 싶은 마음에 그러한 행동을 하였던 것 같습니다.

제가 청소년 자유학교에서 일하며, 가르쳤던 학생들에게 제 마음이 조금이나마 전해진 것인지, 저는 스승의 날이 될 때마다, 당시 제가 가르쳤던 학생들에게 감사의 메시지를 받고 있습니다. 이제는 선생님이 아닌, 오빠 혹은 형이라고 저를 부르지만, 너무나 부족했던 저에게 감사하다는 메시지를 보내는 제자들의 모습을 보며, '정말 살기 잘했구나, 정말 청소년 자유학교에서 일하기를 잘했구나.'라는 생각을 매번 하고는 합니다.

뿌리가 깊은 나무는 바람에 흔들리지 않는다고 합니다. 저는 청소년 자유학교에 다니고 있는 학생들에게 청소년 자유학교가 뿌리가 되길 항상 바라며, 선생님들께서 조금이라도 학생들을 더 이해해주고, 진심으로 학생들을 소중하게 생각해주시기를 희망합니다. 그렇다면 학생들은 앞으로의 인생을 살아가며, 청소년 자유학교에 다녔을 시절을 너무나 행복한 순간으로 기억할 것이고, 청소년 자유학교는 정말 과분할 정도로 사랑과 관심을 받았던 아름다운 장소로 남을 것이며, 수많은 시련과 고통을 이겨낼 수 있는 하나의 원동력이 될 것입니다. 저 또한 청소년 자유학교에서 일하며, 과분할 정도의 행복을 느껴서인지, 너무나

길고, 어려웠던 순간을 이겨낼 수 있었으며, 변호사가 되겠다는 인생의 첫 번째 목표를 이룰 수 있었습니다.

저는 현재 법무법인 YK라는 회사에서 다양한 사건을 수행하는 변호사로 일하고 있습니다. 다른 사람들은 변호사라는 직업을 굉장히 좋게만 바라보고는 합니다. 하지만 사실 변호사로 일하는 것은 상당히 정신적으로 힘든 부분이 많으며, 근무 시간 또한 다른 직장보다 너무나 길기 때문에 쉽게 지치고는 합니다.

저는 심신이 지칠 때마다, 너무나 부족한 저를 선생님이라고 불러주었던 제자들, 그리고 제가 변호사가 되었다는 사실을 알고는 너무나 축하해주었던 제자들을 생각하며, 그들에게 부족함 없는 사람으로 기억되고자, 그리고 인생의 선배로서 조금이라도 열심히 사는 모습을 보여주고자, 다시금 마음을 다잡고는 합니다. 청소년 자유학교에서 맺은 인연들이 제 삶에 뿌리가 되어준 것이지요.

청소년 자유학교가 20주년이 될 때까지 청소년 자유학교에서 삶의 뿌리를 찾은 학생들, 그리고 학생들이 준 사랑 덕분에 새롭게 삶의 뿌리를 찾게 된 선생님들이 존재합니다. 세상 어디에서도 쉽게 찾을 수 없는 아름답고 행복한 모습을 적어도 청소년 자유학교에서 찾을 수 있는 것은 지금 이 순간에도 학생들을 걱정하고, 학생들을 위하여 노력하시는 선생님들 덕분일 것입니다.

다시 한번, 청소년 자유학교의 20주년을 진심으로 축하드리며, 이만 글을 마무리하고자 합니다. 부디, 초심 잃지 않으시고, 청소년 자유학교의 학생들을 위하여, 계속 누구보다 성실하게 일해주시기를 진심으로 부탁드립니다. 정말 축하드립니다.

교사가 되는 길

교사 이은택

1. 자유학교에 온 과정

안녕하세요! 저는 자유학교를 16-2학기부터 19-1학기까지 했던 16학번 이은택입니다. 제가 자유학교를 하게 된 것은 제 꿈이 교사이기 때문이었어요. 아무래도 자유학교는 학교이기 때문에 실제로 제가 수업을 계획하고 가르칠 수 있다는 장점이 있었습니다. 그리고 방돌이었던 형도 자유학교를 하고 있었기 때문에 이런저런 이야기를 들을 수 있었어요. 하지만, 이야기를 들으면서 조금은 무서웠어요. 왜냐하면, 자유학교에 오는 친구들이 학교 밖 청소년들이었기 때문이었어요. 그리고 제가 20살이었는데, 저보다 나이가 많은 학생들도 있다는 말에 조금 두려운 마음이 들었어요. 그러나 학생들이 선생님의 말을 잘 듣고 따른다는 말을 믿고 그리고 교육에 대한 소망을 갖고 지원하게 되었어요. 열심히 지원서를 써서 면접에 가게 되었는데, 긴장이 꽤 됐어요. 왜냐하면, 1학기 때도 다른 동아리에 지원을 했는데, 보기 좋게 떨어져 버렸기 때문이에요. 일단 그때는 동아리에 대해 쉽게 생각했어요. 어떤 동아리인지 자세히 알아보지도 않고 면접에 가는 패기를 보여줬고, 당연히 면접에서 묻는 질문마다 "어.."와 "잘 모르겠어요.."를 수시로 말하고 떨어져 버렸어요. 그래서 자유학교만큼은 간절히 원하는 동아리였기 때문에 준비를 잘 해야겠다는 생각을 했어요. 지난 학기에 들어간 친구가 있었기에 어떤 활동을 하는지, 면접은 어떻게 준비하면 좋을지 물어봤어요. 그렇게 열심히 준비를 해서 갔더니 면접관이 무려 6명이나 있었어요. 대학 면접 때도 크게 긴장을 안 했는데, 많은 면접관을 보니 긴장을 했어요. 그리고 3명의 지원자와 함께 했는데, 지금은 동기가 되었지만, 한 분이 말을 너무 잘해서 부담이 되었어요. 다 끝나고 떨어졌을 거라 걱정을 하고 있었지만 감사하게도 합격을 하게 되었어요. 그렇게 자유학교에 오게 되었습니다.

2. 자유학교 활동

신입프로그램

자유학교에 처음 들어가면 신입 선생님 프로그램을 거쳐야 했어요. 물론 필요한 과정이긴 했지만, 힘든 시간이었어요. 일주일에 두 번 오랜 시간을 참석하는 것도 힘들었고 학생 대응 수업도 그렇게까지 무섭게 할 필요는 없다고 생각할 정도로 좀 힘들었어요. 왜냐하면, 실제로 학생들이 그렇게까지 반항적이진 않았기 때문이에요. 그렇지만 그 과정이 결국에는 교사를 하는 데 힘과 도움이 되었어요.

첫 수업의 기억

첫 학기는 수학을 맡게 됐어요. 그렇게 첫 수업에 나가게 되었고 버스로 가는 30분 동안 긴장되어서 아무 생각이 안 나더라고요. 그리고 결정적으로 검정고시 수학이 아주 어렵지는 않지만, 수학에 자신이 없어서 부담이 되었던 것 같아요. 하지만, 다행인 것은 학생이 수준별 학습이기에, 딱 한 명이었어요. 첫 수업이 다른 수업들에 비해서 지금도 기억에 많이 남아요. 첫 수업에는 진도를 나가기보다는 학교가 처음인 저도 적응을 하고 학생과 관계 형성을 하고 싶었어요. 왜냐하면, 사제관계가 원만해야 학생들이 수업이 편하고, 집중해서 임할 수 있다고 생각했고 저 역시도 수업하기 수월할 것이라고 생각했기 때문이에요. 그래서 서로를 소개할 수 있는 활동지를 만들어 가서 진행했어요. 그렇게 잘 진행했고, 걱정했던 것과는 달리 평화롭게 첫 수업은 잘 진행이 되었어요.

대안 수업

자유학교 활동 중 저는 특히 대안 수업을 많이 했어요. 수업의 정해진 형식이 전혀 없기 때문에 여러 선생님들이 어려워하는 수업이었어요. 그래서 저도 처음에 대안 수업을 배정받았을 때 여러 가지로 어려움이 있었어요. 교과서나 목표하는 바도 검정고시가 아니었기 때문에 학생들의 집중을 유도하는 것도 쉽지는 않기 때문이에요. 하지만, 대안 수업을 많이 해본 결과 충분히 매력 있었어요. 자유학교를 떠난 지 거의 2년이 다 되어가는 시점이라서 지금도 대안 수업이 있는지는 모르겠지만, 대안 수업은 백지에서 모든 것을 교사가 만들어 갈 수 있기 때문에 의미 있었어요. 그리고, 특히 대안 수업에선 과목 수업과 달리 학생들과 교류와 대화를 더 많이 할 수 있었어요. 과목을 가르치면, 그 과목의 검정고시 통과가 중점 되기 때문에 진도를 나가야 하는데 대안 수업은 말 그대로 목적을 교사가 설정할 수 있어 자유가 더 보장되었어요. 그때 학생들이 5~6명 정도였는데, 서로 더 친해졌으면 좋겠다는 생각에 학생 간의 관계 쌓기를 목표로 잡았어요. 그래서 다양한 게임을 하며 서로의 대화를 많이 유도할 수 있었고, 자신의 꿈을 그림으로 그리거나, 점토로 만들면서 자신의 꿈을 생각해보고, 다른 학생들의 꿈이 무엇인지도 알 수 있는 시간도 가졌어요. 이렇듯 대안 수업은 교사가 창의적으로 수업을 잘 만들기만 한다면, 학생들에게도 의미 있고, 교사에게도 의미 있는 수업이 될 수 있는 것 같아요.

체육대회

저는 자유학교 체육대회에 2번 참여했어요. 제가 다른 동아리를 토요일 오전에 풀로 하다 보니 오후에 진행하는 체육대회에 가는 것이 쉽진 않았어요. 하지만, 17년도, 18년도 이렇게 2년은 갔어요. 그중 17년도 체육대회가 기억에 남았어요. 이제 활동한 지 2학기가 되며 열심히 해보려고 한 시기기 때문에 그런 것도 같아요. 신입프로그램 멘토도 하면서 좀 더 열정을 낸 시기였어요. 항구초등학교에서 했는데, 그날 날씨도 매우 좋았어요. 햇빛도 쨍쨍하니 체육대회에 알맞은 날씨였어요. 체육대회를 하면서 학생들과 좀 더 관계를 형성하는 데 도움이 되었어요. 학생들에게 편하게 장난도 할 수 있고, 대화도 많이 할 수 있었어요. 또한, 학생들이 안 오면 어떡하지 하는 걱정을 했는데, 알아서 잘 찾아오는 모습을 보며 기특하기도 했던 시간이었어요.

3. 사람과 추억들

분량 상 기억나는 것을 한 가지 쓰자면, 새해 첫날 몇몇(14~15명 정도)의 선생님들과 간단한 MT를 간 것이에요. 생각지도 않았는데 갑자기 그렇게 인원이 딱 모이고 펜션도 빌리고 해 뜨는 것도 봐서 신기했던 기억이 있어요. 만약 그렇지 않았다면, 교회에 가서 송구영신 예배드리고 자는 평범한 일상이었을 텐데 특별한 날이 될 수 있었어요. 물론, 모든 선생님이 참여하는 자유학교 MT도 즐겁고 좋지만, 이렇게 적은 선생님들과 같이 하니 더 편한 느낌이었어요. 자유학교를 하다 보면 단지 비즈니스적인 관계로 살아갈 수 있고 일로만 생각할 수 있게 되는 것 같아요. 실제로 저도 잘 가르치면 된다고만 생각했어요. 하지만, 이렇게 다른 선생님들과 교제하고 나누는 시간들이 참 의미 있다는 것을 알게 되었어요. 자유학교 선생님들은 모두 성격도 밝고 활발하고 또 교육적으로도 깨어있다 보니 대화도 잘 통하기 때문이에요. 그래서 이 사건이 기억에 남네요.

4. 현재의 소식

사실 저는 마지막 학기에 자유학교를 딱 하고 종강총회 때 행사도 참여하고 싶었어요. 하지만, 제가 국제어문학부의 대표라는 자리를 맡게 되면서 생각처럼 못한 것이 지금도 참 아쉬워요. 뭔가 그동안 자유학교를 하며 참 좋았고 의미 있었다는 말을 하고 싶었는데, 그렇지 못해서 아쉬웠어요. 그렇게 한동에서 막 학기를 보내고 저는 충남 금산에 있는 '별무리학교'라는 학교에서 교육현장 실습을 했어요. 제가 직접 수업을 16시간이나 계획해서 직접 진행하고 심지어 평가도 해서 학생들의 생활기록부에 기록까지 해야 했어요. 솔직히 부담도 되고 어려웠어요. 하지만, 역시 자유학교의 경험이 참 도움이 되더라고요. 자유학교에서 항상 수업을 계획하다 보니 16시간이나 되는 계획서를 빠르게 작성할 수 있었어요. 또한, 수업의 진행에서 학생들과 어떻게 관계를 맺고 학생을 어떻게 대해야 하는지도 직접 배우지 않았는데 자연스럽게 잘 되었어요. 그래서 학생들과 짧은 시간이지만 깊고 많은 교제를 나눌 수 있었어요. 자유학교를 하길 참 잘했다는 생각이 많이 드는 교생 기간이었어요. 그리고 저는 한 학기도 쉬지 않고 달려와서 코스모스 졸업을 했고, 곧바로 군 입대를 해버렸어요. 당연히 대표를 하고 교생을 하며 학교를 떠나있었기에 전달할 순 없었어요. 그래도 '상근예비역'이란 제도 속에서 집에서 부대로 출퇴근하며 조금은 편하게 군 생활하고 있어요. 군 생활하면서 전역 후 어떤 대안학교에 갈지도 고민하고 교사가 되기 위한 준비도 하면서 지내고 있어요. 자유학교 활동에 대해서 생각하다 보니 1, 2교시를 마치고 먹었던 그 자유학교의 맛있는 밥도 너무 생각나고 수업을 하며 학생들과 장난도 치고 대화도 했던 순간이 눈앞에서 아른거리네요. 지금까지 참 의미도 있었고, 그때로 다시 돌아가서 더 열심히 교사를 하고픈 자유학교의 기억에 대해서 나눠봤어요.

집밥 같은 학교

교사 이혜림

나는 2005년 처음 자유학교를 알았다. 당시 기초인문학부에 근무하던 나는 청소년 자유학교 간사를 구한다는 말씀을 듣고, 평소 김윤규 교수님을 뵈어 온 무한한 신뢰로 내가 하겠다고 나섰다.

처음 찾아간 곳은 대신동 2층 셋방 자유학교...(당시에도 낡은 건물이었는데, 지금은 헐고 주차장이 되었다.) 지금 학교로 이사하기 전 있었던 2층의 작은 자유학교였다. 첫인상은 낡은 건물에다 범상치 않은 학생들에게 덜컥 겁이 나기도 했는데, 생각해보면 아찔한 에피소드들도 많다.

사건사고가 조그만 것부터 큰 것까지 매일 터져서 전혀 지루할 틈이 없었다.
어느 날 시청 보조금으로 학교에 컴퓨터 5대를 샀다. 그동안 남의 컴퓨터 교실에 가서 설움 받으며 익히던 것을 우리 컴퓨터로 한다고 다들 기뻐했다. 그런데 며칠 뒤 갑자기 학교에 있던 컴퓨터가 모두 사라졌다. 단 한 대도 없이 모두 팔아버렸다. 우리는 누가 그랬는지 바로 알았다. 컴퓨터가 없어지자 곧 연락을 끊고 학교에 안 나온 아이가 있었기 때문이었다. 공금으로 산 재물이 없어졌기 때문에 경찰에 신고를 할 수밖에 없었는데, 우리는 그 아이를 찾을 의사가 없었다. 신고는 해 놓고 잡히지 않기를 바라는 이상한 학교였다.
한번은 학교의 책이 모두 포항여고 앞의 헌책방에 팔려있는 것을 발견하기도 했다. 그때부터 자유학교의 책에는 "유통할 수 없습니다."라는 고무도장이 찍히게 되었다.
이런 작은 에피소드들이 모여 지금의 20년 역사를 만들어 내었다.

2006년 지금의 자리에 이사한 후 조금씩 자리를 잡아가고 갖춰져 가는 모습을 보며 늘 지치지 않고 학교를 생각하시는 교장 선생님의 열정과 헌신적인 교사 선생님들에게 감탄했었다.

무상교육에 무상식사제공을 하고자 하시던 교장 선생님의 말씀에 따라 그때부터 매일 식사 준비를 하게 되었는데... 그 당시 집에서 요리를 해 본 적 없던 내가 아이들의 입맛에 맞게 요리를 할 수 없었으리라. 지금 생각해보면 어처구니없는 요리도 잘 먹어줬던 아이들에게 정말 고맙고, 미안했다고 사과를 전하고 싶다. 그래도 나더러 "엄마" 같다고 말해줬던 아이들이 기억나니 목이 멘다.
이후 정말 "엄마 "같은 사모님께서 해주신 영양만점 요리가 얼마나 감사했는지 모른다.

대학교에서는 제자이지만 자유학교에서 만큼은 정말 동료 교사로 인정해주시고 존대해주시는 교장 선생님을 닮아있는 학생 선생님들의 열정 덕분에, 범상치 않던 학생들이 검정고시에 합격하고 뿐만 아니라 2006년 라디오 뮤지컬 「학교 밖 아이들」을 성공적으로 이루어 내는 모습을 보며 역시 아이들도 '선생님들의 사랑을 보았구나' 느꼈다.

이사한 자유학교의 조그만 화단에서 길렀던 수박 한 덩이를 첫 여름 MT 때 가져가서 소중하게 맛보았던 일도 기억난다.
무엇보다 2008년 9월 나의 결혼식 날 자유학교의 교사와 학생들이 함께 축가를 불러줬던 일도 너무 감사한 일로 기억에 남는다.
너무 어른스러웠고 하나님을 사랑했던 종만이, 방송작가가 꿈이었던 은유, 센스가 남달랐던 우정이는 어떻게 지내고 있을지 보고 싶다.

청소년 자유학교의 20주년을 정말 축하드립니다!
방황하는 아이들에게 따뜻한 '집밥' 같은 학교가 있어서 감사합니다!

모두가 가르치고 배운다

교사 임동진

자유학교 봉사활동을 한 것은 입대 전 2010년 여름 계절학기, 마지막 9학기였던 2014년 2학기 총 두 번이었다.

2010년 무더운 여름 학보사 업무 준비 겸, 모자란 학점을 들을 겸 포항에 남아있었던 기억이 난다. 당시에는 계절학기 봉사활동 신청 경쟁률이 높아서 어디서 봉사활동을 해야 할지 고민이 됐었다. 그러던 중, 학보사 지인을 통해 자유학교라는 존재를 처음으로 듣게 되었고 고민 없이 자유학교에서 봉사활동을 하기로 마음먹었다. 지금 생각해보면 꼬꼬마였던 22살 어린애가 나이가 얼마 차이도 나지 않은 고등학생들을 가르친다는 게 쑥스럽지만, 그 당시에는 진심으로 아이들에게 도움을 주기 위해 수업을 준비하고 가르쳤던 기억이 난다. 당시에는 중학교 검정고시 수학 과목을 담당했었는데 모르는 부분이 많아 수업 전에 따로 교과서를 보면서 옛 기억을 더듬고 문제로 풀고 했었다. 당시 학생은 3명이었는데 모두 검정고시 시험을 합격했었던 것 같다.

수업을 준비하고 진행했던 것 외에도 저녁 시간에 같이 농구도 하고 또 한동대로 초대하여 같이 풋살도 했었다. 같이 땀 흘리고 운동하면서 금방 정도 들었고 또 수업시간에 말하기 어려운 고민들을 이야기하면서 자주 연락했었다. 나는 경험하지 못하고, 또 그동안 듣지 못했던 상황을 그 아이들을 이미 겪었고, 또 겉으로는 웃지만 속으로는 많은 상처를 떠안고 있었다. 오히려 어른 같은 아이들을 보면서 많은 부분을 깨닫고 배운 것 같다. 아이들이라는 거울을 통해 나의 상황과 상태를 다시 한번 생각하게 되는 계기도 되었다. 아이들의 그 상처들을 다 껴안고 치료해줄 수는 없었지만, 그 상처가 덧나지 않게 많은 이야기를 했고 나름 몇 살 더 살았다고 도움을 준답시고 형 노릇을 했던 것 같다. 사실, 사제지간이라기보다 나는 아이들을 그냥 동생으로 생각하고 같이 지냈던 것 같다.

2010년 여름에 경험했던 일들이 나에게 많은 영향을 주었는지, 나도 잘 몰랐던 사실이지만, 군대에서 직업 관련하여 고민하고 정리했던 종이를 제대하고 다시 보니 다른 사람들에게 도움을 주는 직업이 리스트에 많이 있었다. 경찰, 소방, 사회복지공무원, 교사 등등 미천한 나의 능력으로라도 남들에게 선하고 좋은 영향을 끼칠 수 있는 직업을 고민했던 것이다. 실제로 늦었지만 교사가 되고 싶어 서울의 여러 교육대학원에 전화하고 찾아가서 상담받기도 했었다. 물론, 결국은 좋아하던 축구 관련해서 일하고 싶어 축구 산업에 뛰어들었지만... 지금은 교사는 아니지만 돌고 돌아 사회복지공무원으로 일하고 있다.

좋았던 2010년 여름의 기억을 가지고 2014년 마지막 9학기 때 다시 한번 자유학교에서 활동 지원을 했다. 팀에서 이미 자유학교 활동을 하고 있는 후배들이 두 명 있었고, 한동에서의 마지막 시간을 뜻깊게 보내고 싶었고, 다른 사람들에게 선하고 좋은 영향을 주고 떠나고 싶었던 것 같다. 취업준비는 생각도 하지 않은 채, 팀장이라는 자리에서 많은 노력을 했고 또 자유학교에서 국사 선생님으로 수업을 진행했다. 마지막 학기라 12학점만 수강해서 시간 여유가 좀 있었다. 교내 근로 두 개를 하면서 EBS 국사교재를 공부하고 관련된 내용의 영상을 준비했었다. 나도 고등학생 때 국사를 책으로만 수업하여 지루했던 기억이 나서 자유학교에서는 나름 영상도 아이들에게 보여준답시고 노트북을 들고 다녔다. 그나마 영상을 볼 때 아이들이 조금이라도 더 집중을 했었다고 믿고 싶다. 수업 외에도 아이들 진로 관련하여 상담을 해줬다. 대학을 가지 않고 바로 직업을 가지고 싶어 했던 학생에게(경제적인 문제는 없는 학생이었다) 꼭 대학을 가는 것이 목적이 아니라, 하고 싶은 직업 관련 지식과 경험을 쌓기 위해서는 좀 더 시간을 투자하는 것이 좋다고 설명해줬던 것 같다. 자기도 아직 뭐할지 고민하고 있으면서 학생들에게는 좀 멋있게 보이고 싶었나 보다.

졸업을 하면서 포항을 떠나고, 한동을 떠나보니 자유학교 활동이 아이들에게 도움을 주기도 했지만 나 자신에게도 많은 도움과 영향을 준 것 같다는 생각이 든다. 꼬꼬마 시절 누구를 가르치고 또 도움을 준다는 사실에 뿌듯함을 느끼면서도, 아이들이라는 거울을 통해서 순수하지 못하고 계산적이고 때가 탄 나 자신을 발견하기도 했었다. 오히려 아이들이 어른을 가르친다는 생각이 들었다. 결국, 세상의 모든 것은 돌고 도는 것인가.

돌아보면 자유학교 활동은 뿌듯하면서 뜻깊은 추억이다. 자유학교에서는 학생들과 선생들이 모두 성숙해진다. 넓은 의미로 생각하면, 자유학교에서는 모두가 학생이고 선생이다. 이 한 가지만은 잊어버리지 않고 지내야겠다.

내가 쓴 이 글이 얼마나 도움이 될지 모르지만...

삶의 원동력이었다

교사 임은채

자유학교의 첫인상

자유학교라는 곳을 처음 알게 되었을 때는, 입학 전이었습니다. 수학교육과에 진학을 할지, 한동대학교에 진학을 할지 고민하고 있을 때 자유학교를 알게 되었습니다. 평소 가졌던 교육의 꿈을 한동대학교에서 경험하며 다양한 전공을 경험해보고자 하는 마음을 가지게 되었고 한동대학교에 진학했습니다. 자유학교 면접을 보던 날이 기억납니다. 대기하면서 자유학교라는 곳에 대한 소개를 듣고 17년도 1학기 당시의 보직분들께 면접을 보면서, 자유학교에 대한 마음도 커지면서 자유학교라는 곳에 면접을 볼 수 있음에 매우 설레었던 것 같습니다. 그 후 자유학교 동아리 합격 소식을 들었을 때 학술카페에서 기분이 너무 좋아서 방방 뛰던 기억이 납니다. 자유학교는 저의 새내기 시절에 행복 요소 중 하나였던 것 같습니다. 신입프로그램에 가서 수업 시연을 하고, 대안수업을 구성해보고 첫 수업을 나가던 모든 순간들이 쉽지는 않았지만, 저에게는 기쁨이고 행복함이었습니다. 누군가에게 도움이 될 수 있다는 큰 꿈을 가지고 자유학교 활동

시간만 되면 피곤함도 잊고 참여했던 저의 모습이 새록새록 합니다. 그리고 처음 경험했던 자유학교 MT 때 먹은 오리고기가 정말 맛있었던 기억도 납니다.

자유학교를 경험하면서

신입프로그램을 거치고 점차 수업을 나가면서, 두려움이 존재했던 것 같습니다. 과연 이처럼 부족한 내가, 한 문제라도 도움을 줄 수 있을지 더 나아가 검정고시 합격에 도움을 줄 수 있을지에 대한 걱정이 있었습니다. 이러한 두려움이 생기게 된 것도 자유학교에 대한 마음이 커졌기에 가졌던 생각이었습니다. 그래서 1학년 때부터 여름방학 때 자유학교에 가서 영어를 가르치고 한 문제라도 더 알려주고 도움이 되고자 노력을 했던 기억이 납니다. 그 속에서 자유학교의 가치를 깨달을 수 있었습니다. 검정고시를 위해 그리고 자신의 꿈을 위해 열심히 달려가는 학생들의 모습이, 무더운 날씨 속에도 배운 것을 나누고자 모인 선생님들의 땀방울이 그리고 자유학교를 이끌어 주시고 뒤받쳐 주시는 교장단 선생님들과 공동체 선생님들의 노고가 함께 모여 하나의 자유학교를 만들어간다는 것을 깨닫게 되었습니다. 또한, 자유학교를 무엇보다 사랑하시는 하나님의 은혜를 깨닫게 되었습니다.

자유학교를 하면서, 1년간 총무과장을 했던 적이 있습니다. 전과를 했던 터라, 컴퓨터공학 전공 첫 학기를 맞이하면서 총무과장을 하게 되었습니다. 생각보다 보직단이 챙겨야 할 부분이 많아서 겁도 나고 했지만, 놀랍게도 자유학교를 하면서 에너지를 오히려 얻어가면서 그 얻은 에너지를 통해 전공 공부도 열심히 할 수 있었습니다. 재미있게도, 총무과장을 시작하면서 각종 영수증 정리와 행사를 하면서 했던 전공 성적이 가장 좋았습니다. 그만큼 자유학교는 저에게 활기를 넣어줬던 것 같습니다. 자유학교 사람들만 만나면 웃으면서 하는 이야기가 있습니다. "마음이 어려우면, 몸까지 힘들기 마련인데 자유학교는 신기하게도 내가 조금 피곤하더라도 마음이 즐겁기에 몸도 따라주는 것 같다. 너무 감사하다."입니다. 이러한 이야기는 아마 자유학교를 경험하신 선생님들께서 공감하시지 않을까 싶습니다. 이렇게 자유학교는, 저에게 한동 생활 중 활력이 되었고, 학업과 여러 활동들의 원동력이 되어준 너무나 소중한 추억입니다.

자유학교를 경험한 후

자유학교를 경험하면서, 삶에 대한 원동력을 얻게 되었습니다. 무엇보다, 함께 보직을 하면서 얻은 소중한 동료들과 자유학교 동기들, 같이 수업을 나가면서 친해진 선생님들 그리고 교장 선생님, 교감 선생님께 감사하다는 이야기를 전하고 싶습니다. 혼자서는 할 수 없는 것을, 협력하여 선한 방향으로 만들어가는 자유학교를 경험할 수 있어서 지금의 제가 있다고 말씀드리고 싶습니다. 저는 20년도 하반기에 마지막 학기를 보내면서 SAP 청년인재 혁신사업을 이수했고, 해당 교육이 채용연계 교육과정이었기에 면접을 보러 다니면서, 대학 생활 중 가장 인상 깊었던 것이 무엇인지 물어보실 때마다 저는 자유학교라고 늘 이야기를 했습니다. 그만큼 자유학교는 저의 삶에서 큰 원동력이 되고 소중하며 반짝이는 추억이 되었습니다. 그 후, 20년도 12월에 부산에 나이키 파트너사에 SAP PI 직무로 입사를 하여 4달 정도 근무를 하다가 원하는 직무로 이직하여 현재는 웅진에 WEB 기반 솔루션 개발 직무로 입사를 했습니다. 또한 교육에 대한 꿈을 이루고자 교육대학원을 준비하고 있습니다. 저 또한 자유학교에서 만난 친구들처럼 꿈을 찾아가고 있습니다. 앞으로도 자유학교에서 배운 소중한 경험들과 제가 사랑하는 한동대학교에서 배운 가치인 "배워서 남 주자", "Why not change the world?"를 실현하며 주변에 선한 영향력으로 사랑이라는 가치를 알리며 살아가는 개발자 그리고 교육자가 되고 싶습니다. 또한 자유학교를 통해 만난 소중한 사람들과 꾸준히 연락하며 서로가 서로에게 동역자가 되어주는 귀한 관계를 유지하며 살아가고 싶습니다. 나의 사랑하는 자유학교와 한동대학교 모두가 평안하길 늘 기도하며 살아가겠습니다.

지금 활동 중인 자유학교

교사 정수현

자유학교에 온 과정

저는 중학교에 다닐 때부터 교사의 꿈을 가졌었습니다. 사실 초등학교 중학교 고등학교 저의 삶을 둘러보면 정말 좋은 선생님들을 많이 뵐 수 있었고 함께 할 수 있었습니다. 그 시절에도 스스로 느끼기에 이런 선생님들을 만나는 것은 '당연한 것이 아니고 정말 복이다.'라고 느끼고 감사할 만큼 선생님들과의 추억이 참 많았던 학창시절을 보냈습니다. 그렇기에 저도 그러한 선생님이 되고자 하는 마음이 있었고 제가 배운 것을 그대로 사용하여 진로를 펼쳐나간다는 점에서 교사의 매력적인 부분을 느꼈습니다. 그렇게 중고등학교 때 사대를 바라며 학교를 다니다가 여러 체험활동을 통해 다른 분야를 접하기도 하고 교대 사대에 지원하기에는 성적이 낮았고, 한동대학교를 늦게 알고 고3부터 소망하게 되어서 한동대학교의 학생이 되었습니다. 그러다가 아는 사람을 통해 자유학교를 알게 되었고 1학년 2학기 17-2기수로 자유학교에 들어왔습니다. 그때 당시의 마음은 자유학교에서 선생님의 꿈을 이루어보고 싶었고 아이들과의 교제를 원했던 마음이었습니다. 그래서 합격문자를 받았을 때 매우 설레고 긴장되면서 기뻤던 순간이 아직도 새록새록 기억납니다.

자유학교 활동

17년도에 신입 쌤으로서 첫 수업을 하고 18-1 때 수업하고 19-1 때 수업하고 20-2, 겨울학기 이렇게 활동을 해왔던 것 같아요. 이렇게 순차적으로 적어보니 '계속 이어서 수업을 하진 못했구나'라고 알게 됐습니다. 그럼에도 불구하고 오랜만에 학교에 얼굴을 보여도 기억해주시는 공동체 선생님들도 계시고 쌤들도 반갑고, 감사했던 것 같아요. 가르쳐본 과목이 수학, 영어, 사회, 음악, 국어로 기억이 나는데 다양하게 가르쳐본 기억이 참 재미납니다. 사실 저는 이과 출신에 대학에서는 문과를 전공하고 있는 사람이라 중고등학교 때 모든 과목을 좋아했었습니다. 그런데 수학이나 과학을 가르치기에는 제가 모르는 부분도 많을 것 같아서 다른 과목들을 선호했었는데, 가르치다 보니 오히려 국어, 사회 등 문과적 과목이 가르치기가 더 애매하기도 했고 어려워서 막 부담을 가지기도 했습니다. 준비를 안 하는 수업은 아이들도 자연스럽게 알 수밖에 없다고 생각했기에 최대한 준비하고 정리해서 수업에 임하려고 했지만 돌아보면 학생들에게 항상 좋은 수업, 최선의 수업을 해주진 못한 것 같아 미안한 마음도 듭니다. 그래도 그런 저의 수업에 불평 없이, 웃음이 정말 터져 나올 때도 많았고 그렇기에 힘을 내서 마음과 몸이 지쳤을 때에도 자유학교에 발걸음 하면 텐션이 높아지고 더 활동적인 힘이 생길 수 있었습니다.

사람과의 추억들

연구과, 총무과, 학생과를 했었던 것으로 기억을 하는데 각 과에서 맡아 하는 활동들을 해 볼 수 있어서 좋았고 선생님들과 같이 준비를 하고 교제하는 것도 즐거웠습니다. 저는 자유학교 들어왔을 때부터 학생과를 하고 싶었는데 직접 아이들과 소통을 하고 싶었고 개인적으로도 연락을 할 수 있는 학생과가 부럽기도 했습니다. 그러다가 신입 기수를 지나서 학생과장 선생님으로부터 학생과원 컨택을 받았고 또 감사하게도 학생과를 여러 번 하게 되었었는데 그래서 애지, 지영이, 기한이, 강현이, 채희 등 아이들의 담임선생님을 맡게 되어 더욱 알게 되고 신경을 쓸 수 있었습니다. 물론 마음처럼 매우 가깝게 지내지는 못했지만, 가끔은 생각처럼 되지 않을 때가 있어 마음이 힘들 때도 있었지만, 그래도 학생들을 좀 더 가까이 볼 수 있어서, 교제할 수 있어서 특별했습니다. 또한 자유학교에서의 모든 활동이 참 좋지만 그중에서도 항상 감사하고 특별한 '자유학교 밥'은 너무 큰 즐거움이었습니다. 원래도 한식을 좋아하지만 집을 떠나 포항에서 사는 선생님들에게 건강하고 맛있는 밥은 정말 행복이 되었을 것이라고 확신합니다. 밥을 먹으며 수업 외의 얘기도 할 수 있고 선생님들끼리도 이야기할 수 있는 나눔의 장이 참 좋았고, 밥을 먹고 나서 해가 어스름해질 때쯤 아이들과 선생님들과 함께하는 배드민턴, 농구, 탁구 이런 활동도 저에게는 너무나 힐링의 시간이었습니다. 물론 자유학교의 본질은 '수업!'인 교육기관이지만 "자유학교 밥 먹으러 간다~ 배드민턴 치러 간다~" 이렇게 자랑하고 생각한 적도 많기에 빼놓을 수 없는 부분입니다. 그리고 제가 수업할 때 진지하게 수업내용만 말하고 이런 스타일이 아니고 아이들이랑 막 캐릭터를 정해서 별명처럼 부르기도 하고 그랬었는데 그런 것도 추억으로 남아있습니다. 텔레토비 뽀, 나나, 보라돌이, 뚜비 이렇게 정해서 불렀었던 것이 오늘 예린이랑 연락하다가 급 떠올랐습니다. 제가 기억하는 것보다 아이들은 더욱 세세하게 자유학교에서의 시간을 기억하는 것 같아서 그럴 것이라고 예상은 했지만, 그 점이 훅 느껴진 오늘이었습니다. 저는 몇 년을 거쳐 여러 아이들을 만나지만 아이들에게는 우리 선생님들 몇 명! 그 시기의 기억이 배움이 오래 남는다는 것, 그래서 아이들을 대할 때 존중하고, 사랑하고 세심하게 대해야 함을 한 번 더 깨달았습니다.

현재의 소식

현재 저는 개강 준비를 하고 있고 21-1에 보직을 처음으로 맡게 되었습니다. 학생과장으로 함께하게 되었는데 그동안 학생과원을 해보긴 했지만 이 자리의 역할은 제가 아직 모르는 것도 많고 자신이 없는 부분도 있습니다. 그렇지만 아이들과 잘 연락하며 또한 남은 방학 동안 기도하며 학생과장으로서 담담히 이번 학기가 잘 흘러가도록 준비하려고 합니다. 아이들과 종교적이고 지나치게 개인적인 교류는 하지 않겠지만 그래도 뒤에서, 곁에서 아이들이 진심으로 행복하고 자유롭게 성장하고 성숙해지길 기도하는 선생님이 되고 싶습니다. 또한 학생과 선생님들을 처음으로 컨택하고 함께할 텐데 선생님들을 바라보는 마음을 위해서도 기도하고 싶습니다. 학생들, 선생님들, 교장단 선생님들, 공동체 선생님들을 바라볼 때 정말 하나님의 자녀로 바라보는 시각을 잃지 않고 되새기는 제가 되고 싶습니다.

여전히 더할 나위 없는 기쁨

교사 정원지

어느덧 자유학교가 20살이 되었다. 21살이었던 철부지 선생도 40대 초반이 되었다. 지난 청춘을 돌아본 며칠간은, 이유도 모르게 열정이 조금은 멈춰가는 듯한 삶의 한가운데에서 더할 나위 없는 기쁨이었다. 그때는 너무나도 생생했던 기억들을 제대로 끄집어내려니 알쏭달쏭한 부분들 많았다. 며칠 내내 지나간 시간과 공간, 사람들의 흔적을 살펴보았다. 아뿔싸, 그 시절에 대한 반추가 너무 늦었구나 하는 탄식이 절로 나왔다.

정확하지 않은 기억임에도 어쩌면 이 글을 쓰고 있는 내가 자유학교 개교 초기의 기억을 그나마 많이 간직한 선생님이 아닐까 하는 생각에

어렴풋한 기억의 단편과 흔적들을 더듬어 자유학교 성장기를 남긴다는 마음가짐으로 소회를 남겨본다.

좋게 보면 호기로웠고 달리 보면 오지랖만 넓었던 2001년.

한동 신문사 기자였다는 이유만으로 교수님, 교직원 선생님과

여러 곳에서 소임을 다하는 학내 구성원들과 친분이 있었다. 학내 자잘한 소식은 누구보다도 빨리 접해야 한다는 기자의식(?)도 있었던 것 같다.

그럼에도 김윤규 교장 선생님과는 따로 만날 접점이 없었다. 한문 수업도 다른 선생님께 들었고 명강의로 회자되는 '한국 문화의 이해'도 듣지 않았다. 하물며 역사와 전통이 깊은 '서당골'의 팀원도 아니었다. 신문사 기자 동료였던 친구(이 친구 역시 자유학교 선생님이 되었다)가 좋아하는 교수님이라며 선비 같은 분인데 내 고향과 가까운 안동 인근의 시골 출신이라고 했다.

시골 출신. 다른 이유 없었다. 본관 연구실로 찾아갔다. 선생님과의 첫 만남에서 어떤 이야기를 나누었는지는 정확히 기억나지 않지만, 학교와 신앙, 신문사 등에 대한 말씀을 들었고 평생 마음에 간직할 말씀 하나를 들었다. "이놈도 시골 촌놈이네." 교장 선생님 같은 촌놈이라면 '참 멋있구나'라는 생각을 했다.(이후 나는 항시 촌놈이라고 나를 소개한다.) 또 선생님 연구실 조교인 95학번 형님이 나와 같은 모교 출신인 것도 알게 됐다. 모교 출신은 딱 2명이었는데 그 둘이 교장 선생님과 연을 맺게 된 것이다. '촌놈'이라는 기질과 인연 때문에 선생님 방에 자주 찾아갔고 자연스레 선생님을 삶의 스승으로 모시게 되었다.

2001년 봄학기 개학 전, 새 학기 첫 신문 발행을 위해 취재차 학교 이곳저곳을 누볐다. 당연히 선생님 방에도 갔다. 대뜸 하시는 말씀이 "네가 선생을 좀 해야겠다.", "네?", "이번에 자유학교라는 학교가 개교하는데 너도 해야겠다.", "네..."
포항에는 불우한 가정환경, 학교 부적응 등 여러 이유로 퇴학, 자퇴한 청소년들이 많은 편이고 이들이 지역사회의 어두운 영역으로 가는 경우가 많은데, 이러한 청소년들이 공교육 같은 범위로 다시 돌아갈 수 있는 기회를 제공한다면 청소년과 우리 사회 모두에 득이 된다는 말씀이었다. 그러면서 "학생 한 명이라도 있으면 개교한다"는 말씀을 해주셨다.

"선생님, 학생은 몇 명이에요?", "원래 4명 오기로 했었는데, 1명만 온다.", "네..."
"위치는요?" "육거리 북부경찰서 맞은편 포항문화원이야", "참여하는 선생님은요?", "한동대 학생 선생님이 10~20여 분 정도 참여할 거 같아", "네..."
"수업은 어떻게 해요?", "선생님 한 분이 1시간씩 수업하고 다음 분이 오시면 바통 터치하면 된다. 하루에 수업 2~3번 진행하고."

한동대 선생님들은 '꾼들', '서당골', '교장 선생님 연구실 조교', '선생님 팬클럽', '한동 신문사'를 중심으로 구성되었고 당시 선생님 대표(추후 교무과장)는 97학번인 꾼들 김준우 형이 맡았다.
준우 형이 교과목 배치 등 교무 전반을 담당했고 나는 중고교 시절 비행 경험이 있다는 이유로 학생 생활과 사회를 맡았다. 개교 전 포항문화원에서 수업 진행에 대한 오리엔테이션을 하고 이후 바로 수업에 투입됐다. 학생은 선생님 말씀처럼 19세 남학생 1명이었다.

처음이라 선생님들도, 아이들도 모든 것이 어설펐고 어색했다. 아이들과의 관계 형성부터가 어려웠다. 아이들의 삶이 만들어낸 솟구쳐진 마음의 벽을 쉬이 허물기는 쉽지 않았다. 아이들이 안 와서 정상적으로 수업 진행이 안 된 경우가 많아서 '만나기라도 하면서 좋을 텐데...'라고 되뇌며 셔틀버스로 발걸음을 옮긴 경우가 다반사였다. 그럼에도 선생님들은 약속한 시간에 모두 교실을 지켰다. 포항문화원 시절, 기억에 남는 사건은 '우유와 빵' 사건이다. 당시 선생님과 아이들은 저녁식사를 하지 못하고 오는 경우가 많아서 자유학교에서 간식으로 빵과 우유를 제공했었다.(학교 설립에 참여한 교장/교감 선생님들의 사비로 준비했었던 것으로 기억한다.) 어느 날, 학생이 우유를 바닥에 쏟는 일이 있었다. 이를 청소하던 아주머니가 심한 면박을 주었고 선생님과 아이들은 적잖이 당황했다. 교장 선생님은 아이들이 자유학교에서마저 설움을 느끼게 할 수 없다며 '셋방살이의 설움'을 벗어나고자 그때부터 자유학교의 새로운 보금자리를 준비하시기 시작하셨다. 그렇게 한 학기가 흐르고 2학기 흘렀고 자유학교도 조금씩 변화가 생기기 시작했다. 여전히 선생님들은 성실히 수업에 임하셨고 20세 여학생이 함께하게 되어 고정적인 출석 학생이 2명이 되었다.

2002년에는 2가지의 큰 변화가 있었다. 2001년 겨울학기 끝나고 였는지 2002년 1학기였는지 모르겠다. 당시 나는 한동 신문사 편집국장이었고 신문사 활동 집중이라는 이유로 15학점을 신청했다. 갑자기 교장 선생님이 부르셨다. 안식년이라 미국에 가신다고 하셨다. 그리고 준우 형이 개인적인 이유로 잠시 자리를 비우게 되어 대체자도 필요하다고 하셨다.

"안식년 갔다 올 테니까 자유학교 좀 챙겨라. 내 역할은 이상은 교감 선생님(푸른마을교회 담임목사님)이 하실 거다.", "네..."

또 하나의 변화는 자유학교가 육거리에 위치한 건물 2층으로 이사한 것이다. 1층에는 청자다방이 있었고 우리 학교 맡은 편에는 교회 같은 종교시설이 있었다. 육거리 시내 가운데 있어서 아이들이 찾아오기에는 딱이었다. 셋방살이 설움이 없는, 처음 생긴 온전한 우리만의 공간이었다. 교감 선생님의 노력으로 책상 등 집기와 포항제철에서 제공해 준 컴퓨터도 몇 대 들여놨었다. 작은 방이 있어서 선생님이 쉴 수 있는 공간도 생겼다. 학생 수는 큰 변화가 없었다. 기존 2명에 더해 중학교 남학생과 여학생이 한동안 출석했으나 이마저 오래 다니지 못했고 그 사이 몇몇 아이들이 스치듯 지나갔다. 그럼에도 선생님들은 여전히 맡은 자리를 지켜 주셨고 경우에 따라 학생 없이 기다리거나 2~3시간씩 연이어 수업을 한 적 있었다. 기존 학생과 새로운 학생들 사이의 반목이 생기기도 했고, 아이들 친구들이 놀러와서 교실에서 놀거나 자는 경우도 있었다.

이때 내 머릿속에는 '선생님이 빨리 오셔야 할 텐데...'라는 생각밖에 없었다. 힘들었지만 큰 배움과 의미가 있었다. 2년이라는 시간 동안 여느 학교같이 웃고 우는 일들이 생기기 시작했고 아이들도 마음을 열고 자신의 이야기와 삶을 나눠주었다. 자유학교도 조금씩 그들이 힘들 때 먼저 찾아주는 존재가 되어가고 있었다. 나 역시도 삶의 그 어느 때보다 치열하게 임했고 이를 통해 성장했다. 2002년 취득한 학점은 1, 2

학기 합쳐 겨우 15학점이었지만 '열정과 책임감'이라는 비교할 수 없는 값진 학점을 취득했다.

2003년부터 2006년까지 나는 군 휴학을 했다. 그 사이 교장 선생님이 돌아오셨고 자유학교에는 많은 변화가 있었다. 고정적으로 출석하는 학생이 늘어났고 부분적으로나 검정고시를 합격하는 학생도 나왔다. 교장 선생님께서 학생수가 늘고 검정고시 합격자도 있다며 기뻐하시던 모습이 생생하다. 외부에도 많이 알려졌고 후원자도 생겼다. 내부적으로는 선생님의 안정적인 확보와 함께 유대 관계를 만들기 위해 2005년에 자유학교는 정식 동아리 등록이 되었고 2006년부터 동아리 자유학교 1기 선생님들을 모실 수 있었다. 신생 동아리였지만 참 많은 선생님들이 지원했고(심지어 면접도 봤다!) 당시 함께 한 06학번 선생님들은 그 당시와 지금도 많은 역할을 해주시고 있다.(아~ 그리운 이름들이여~!). 나 역시 복학과 함께 당연히 자유학교에 참여했고 교장 선생님 연구실에 들어가면서 교무과장을 맡게 되었다.

2006년부터 졸업 전까지의 가장 큰 보람은 자유학교 운영방식의 변화 시도였다. 기존에는 교무과장 1인이 행정 전반을 도맡는 방식이었는데 이는 교무과장 개인에게 많은 부담을 줄 수밖에 없었다. 학업을 병행하는 학생 입장에서는 교무과장을 오래 맡기가 어려웠고 이로 인한 여러가지 어려움이 있었다. 또 교장 선생님과 밀접하게 소통을 해야 했었기에 어느 순간부터 교무과장은 교장 선생님 조교가 맡는 것이 당연시(?) 되었다. 교장 선생님 역시 변화의 필요를 인지하셨고 운영방식 변화에 대한 선생님들의 의사를 존중해주셨다.

2006년 여름방학, 검정고시 대비 특별 수업을 창업보육센터 1층 강의실에서 진행했었다. 이때 선생님 워크숍과 MT를 통해 교무과장-학생과장-연구과장의 삼두체제로의 운영방식을 도입하기로 했다. 교무과는 선생님 관리, 동아리 운영, 총무 등 행정 전반을, 학생과는 학생 생활 지도 및 관리, 연구과는 수업 관련 전반을 담당하기로 했다. 당시 외부 거주를 함께 했던 최현식 선생님과 정의홍 선생님이 흔쾌히 학생과장과 연구과장을 맡아 주었다. 아울러 워크숍에 참여한 선생님들은 각 부서별 소임을 맡아 주시기로 했다. 이때 중요한 소임을 다해주신 후배 선생님들은 선배들보다 훨씬 훌륭하게 자유학교와 동아리를 만들어 주셨다.

시간이 흐르면서 출석 학생들이 점점 늘었고 교과목과 프로그램도 발전하고 졸업생도 배출했다. 자유학교 졸업생 중 1명은 한동대에 입학하기도 했다. 동아리 자유학교와 청소년 자유학교는 더욱 자리를 잡아갔고 내가 졸업한 이후에는 후배 선생님들의 헌신과 노력으로 질적으로나 양적으로나 더욱 성장했다. 졸업 이후 교장, 교감 선생님과 후배 선생님들, 소식지와 언론기사로 접하는 자유학교는 너무 자랑스럽다. 언젠가 업무적으로 만난 분이 내가 한동대 출신임을 알고선 "자유학교를 알고 있냐"고 묻길래, 자랑스러운 마음으로 "저도 자유학교 출신입니다"라고 대답하며 그 업무를 잘 마무리했던 기억이 있다.

지금 와서 생각해보면 이 모든 건 다른 무엇보다도 흔들리지 않는 믿음들, "1명의 학생이 있더라도 개교하고 1명의 학생이 남더라도 폐교하지 않는다.", "자유학교와 학생들을 통해 우리 선생님들이 더욱 성숙, 성장한다"는 믿음 때문이 아닐까 한다. 지나간 시간만큼 쌓은 울고 웃은 경험과 교장 선생님과 수많은 선생님들의 믿음과 헌신, 무엇보다 학생들의 삶이 변화하고 이를 통해 어쩌면 우리 선생님들이야 말로 또 하나의 'Why not change the world?'를 경험하지 않았을까? 다른 어떤 성공과 칭찬보다도 값진 우리 아이들의 모습과 이를 품은 자유학교를 통해서 말이다.

42살의 나는, 대안학교 교사인 아내의 남편, 초등학생인 딸과 20개월 아들의 아빠, 게임회사의 인사팀장이다. 드라마와 코미디, 멜로, 액션, 스릴러 같은 누구나 경험할 법한 다양한 장르의 삶에서 '어떻게 살아야 하는가'라는 질문 앞에 항상 무릎을 꿇어가며 살고 있다. 이런 내게 자유학교는 무릎 꿇은 나를 다시 일으켜 세우는 또 하나의 귀중한 힘이다. 그래서 자유학교는 20년 전이나 지금이나 여전히 더할 나위 없는 기쁨이다.

20살 자유학교야, 함께 한 아이들아. 참 많이 그립다. 사랑한다. 그리고 교장 선생님, 교감 선생님, 자유학교의 모든 선생님들 존경합니다.

교육보다 높은 교제

공동체교사 정은진

더 높은 점수보다 더 맛진 저녁을 선물하는 곳이 있다. 포항 청소년 자유학교!!

지글지글 보글보글 착착착착!!
오늘도 분주한 손으로 정성을 다한 음식들이 전문가급 셰프들의 손끝에서 만들어져 나온다. 다 만들어진 반찬에 데코와 깨 뿌리기 담당인 나는 그분들 사이에서 덩달아 손발이 바쁘다. 그래도 내 딴에는 엄청나게 부지런하고 분주하게 잔심부름과 잡일 그리고 마지막 세팅을 하고 있다. 고소한 냄새와 진한 향기가 늘 나를 배고프게 하는 곳. 나는 자유학교의 매주 목요일 저녁밥을 만드는 봉사자 중의 하나이다.

여기는 포항 청소년 자유학교!
말 그대로 포항에 있는 청소년들이 다니는 자유로운 학교이다.
영혼이 자유로워 오기도 하고, 상황이 자유로워져서 오기도 하고, 매여 있는 학교에 다니기에는 너무 자유로워서 쫓겨나기도

하며, 자유로운 친구 덕에 오기도 하고, 때로는 이곳에도 저곳에도 속하지 않아서 오기도 하는 곳, 천상 10대의 자유로운 영혼들이 오게 되는 학교, 정말 그런 자유학교이다.
어쩌면, 들어오는 자유를 허락하고 나가는 자유도 허락된 그런 학교라고 하면 설명이 될듯하다. 고등학교 검정고시를 주로 준비시키기도 하지만 때로는 초등학교만 나와서 중학교 검정고시도 도와주기도 한다.

곁에서 늘 만나고 인사하지만, 최고 수준의 인성과 성품과 신앙까지도 구비된 선생님들의 과목별 전문 케어를 받으면, 아이들의 실력은 오자마자 급등하기 시작하여, 정말 말도 안 되게도 1년에 두 번 치는 검정고시에 죄다 합격을 해버리곤 한다. 그래서 우수수 들어온 아이들은 우수수 나가버리고야 만다.
밥을 먹이는 입장에서 조금 더 있었으면 하는데 아이들이 검정고시에 합격하고 나면 나오지 않는 것이 이 학교의 룰이자 약속이라서, 더 이상 맛난 저녁을 못 먹인다고 생각하면 엄마 같은 마음으로는 합격해도 마음이 편치는 않다.

20년 동안 교장을 맡으신 김윤규 전 교장 선생님은, 한 번 수업받는 것보다 밥 한 끼 먹이는 것이 아이들에게 더 큰 영향을 끼친다고 하셨다. 밥을 제때 제대로 먹어야 그 아이 속에 채워지는 것들로 담아야 할 것들을 담을 수 있는 힘이 생긴다는 의미이신 것 같기도 하다.
그 고집스러우신 신념으로 이순애 사모님과 십여 명이 넘는 봉사자들께서는 매주 월요일부터 금요일까지 두 분에서 네 분까지 짝짝 채워져 아이들을 먹이시는데 열정을 쏟아부으신다. 봉사자 선생님들은, 정성과 사랑과 실력이 겸비된 요리로 아이들의 허기진 영혼과 마음과 위장을 채워, 안정과 평온함을 몸속 구석구석까지 채워주신다.

나는 언제나,
목요일마다 밥을 하면서도 이 밥을 먹는 아이들이 끊어지면 어쩌나 가끔씩 걱정도 하지만, 교장 선생님은 이 학교는 폐교되어야 한다고 종종 말씀하셨다. 학교 문을 나오는 아이들이 없고 고등학교를 졸업하지 못하는 아이가 없는 사회가 되었을 때 비로소 자유학교의 문을 닫는데, 그것이 가장 바람직한 사회이고 궁극적인 큰 기쁨일 것이라 하셨다.

아이들도 안다.
처음에는 눈도 마주치지 않고 마음을 닫았던 아이들이, 시험을 앞두고 졸업할 때가 되면 감사하다고 인사하고, 눈웃음을 섞어 마주치기도 한다. 우리는 교육을 하는 것이 아니다. 아마 우리는 이 아이들과 영혼을 담은 교제를 하고 있을 것이다.

김윤규 교장 선생님의 이런 높은 뜻과 멋짐에 이끌려 나는 내 20대에 청소년 자유학교를 찾아와서 같이 일하기를 지원했다. (20년이나 지났으니 정확한 날짜는 기억이 잘 나지 않지만...) 그래서 지금도 자유학교 선생님들을 보면, 용기가 대단하다고 생각한다. 나를 내어놓아 소외된 아이들을 위해 쓰이고자 하는 열정을 나는 늘 칭찬한다. 20년 전에도 그런 멋진 친구를 알았고 그와 함께 이 일을 하고 싶었고, 교장 선생님이 하신다길래 겁 없이 시작했다. 그러나 늘 부족하여 숨죽이며 수업했던 날도 많았다.

이제 너무 오래전이어서, 그 당시의 일을 말하면 다들 라떼이야기라고 안 믿을지도 모르겠지만, 사실 나는 2001년부터 청소년 자유학교의 교사를 했다. 그러니까, 나는 20년 전 문신을 하신 지금은 없어진 깍뚜기파 포항 조폭을 가르친 살아 있는 전설이다. 요즘 자유학교 아이들은 당시 무서운 아이들하고는 전혀 다른 정말 순한 양 같은 아이들이다. 이 정도면 거의 천사급이다.

당시에는 육거리 번화한 시내에서 서쪽으로 가서 전화국 뒤 우측에 위치한 허름한 골목 빌딩에서 아이들에게 특별반 선생님으로 컴퓨터그래픽 포토샵과 일러스트를 가르쳤었다. 그 교실은 자유학교가 있던 문화원 교실이 아니고, 우리 아이들에게 미술을 가르치던 만화학원 원장님의 화실이었다. 그때 아이들을 가르치면서, 이 아이들을 데리고 꾸준히 가르쳐 작품전을 작게나마 하고 싶었는데, 끝까지 마치는 학생이 드물어서 어림도 없었다. 특별반만 그랬는지 다른 과목도 그랬는지는 잘 모르겠지만 아마도 교과 공부를 가르치는 것도 그러한 경우가 많았을 것이다.

아이들은 하고자 하나 세상이 붙잡고 친구가 붙잡았다. 아이들은 언제든지 사라졌다. 지금처럼 체계적인 시스템이 안 되어 있던 초기의 생짜배기 봉사기관이었으니, 선생님은 안타깝고 아이들은 연락 두절이었다. 당시에는 핸드폰도 없었고, 집을 나가면 어디 있는지 찾을 길이 없었다. 학교에 가면 어느 날이든지 연락이 끊어진 아이들은 항상 있었다.

지금처럼 엄청나게 멋진 자유학교 시스템은 그때는 정말 상상도 하기 힘들었던 상태였다. 그때 교사로 봉사활동을 하면서도 나는 자유학교가 곧 없어질 것 같다는 생각을 늘 했었다. 배울 학생이 없어지든지, 봉사할 선생님이 없어지든지, 허름한 그 수업 공간을 빌려주시던 만화가 선생님의 사무실이 없어지든지, 하여튼 아슬아슬한 것이 한두 가지가 아니었다.

이랬던 과거의 자유학교가, (현재 강권으로 쉬고 계시지만 여전히 자유학교의 대빵이신) 김윤규 전 교장 선생님과, 현 교장 선생님 CBS 아나운서 국장 유상원 선생님, 내 남편 콘텐츠융합디자인학부 교수 이중섭 교감 선생님, 한동대학교 GLS 교수 손화철 교감 선생님, 그리고 한동국제학교 국어 선생님이셨던 정명화 교감 선생님, 이분들과 함께 한동대학교 학생인 부장 과장 선생님들, 요일마다 자기 과목을 맡아 우리 아이들을 가르치는 대학생 선생님들, 열다섯 분 정도의 전문 요리사급 공동체 저녁식사 선생님들까지. 이제는 어떤 학교나 봉사단체라도 부러워하지 않게 치밀하게 조합된 엄청난 파워 조직이 되었다. 자유학교의 봉사조직은 여러모로 전국 최강이라서, 각종 상장과 상패가 교무실에 즐비하게 늘어서 있는 것을 보면 참으로 하나님께 감사할 따름이다. 20년이 지났다. 자유학교는 정말 잘 자랐다. 나도 행복했다.

20대에 대학생으로 앞이 보이지 않아 괴로워하던 철부지에서
이제 40대를 넘어 50대를 향해 가면서

자유학교 화단의 봄꽃들을 기다리는 2021년 삼월 봄날에

나는

더 높은 감사 위에 더 맛진 은혜를 맛보며 살고 있다

청소년 자유학교 덕분에.

나는 21년 차 자유학교 교사 정은진이다.

오래 볼수록, 오래 보아야 사랑스럽다.

교사 조경찬

8학기 동안의 자유학교 봉사활동을 통해 약 50여 명 이상의 학생들을 만났습니다. 모든 학생이 기억나고 소중했지만, 그중에 유독 기억에 남는 남학생 한 명이 있습니다. 그 학생의 이름은 규진(가명)입니다. 제가 군대에서 복학하고 첫 학기 과학수업을 하고 있을 때였습니다. 평소에 자유학교의 특성상 학생들의 개인적인 사정이 너무나도 깊어서 학교에서 평교사들에게는 잘 알려주지 않는 게 원칙입니다. 그런데 그때 당시의 회장이 저를 찾아와서 규진이의 현재의 가정상황을 얘기해주며, 규진이에게 형과 같은 남자 선생님의 존재로 챙겨줄 수 있느냐고 물었습니다. 규진이는 그때 당시 아버지와 둘이서 지냈지만, 아버지가 병으로 돌아가셨고 혼자 살게 된 이후로 건강이나 개인위생 상태가 엉망인 상황이었습니다. 복학했던 첫 학기였기에 이런 요청을 받았을 때 다른 사람의 인생에 더 깊게 개입해야 한다는 것에 자신이 없었고, 겁부터 났습니다. 하지만 그때 당시의 임원들과 지도교수님의 선택을 믿고 받아들이기로 했습니다. 그렇게 규진이를 마음속에 품기로 결단하였습니다. 먼저 부담스럽지 않게 다가가기 위해 노력하고, 조금씩 관계를 맺어 갔고 규진이의 집이 너무 더럽다고 청소를 도와달라고 해서 규진이의 집을 찾아갔습니다. 정말 충격 그 자체였습니다. 사람 한 명이 겨우 생활할 수 있는 정말 작은 공간에서 화장실은 흰 부분보다 까만 부분이 훨씬 많았고, 하수구에는 개미 주검들이 가득했으며, 침구류에는 곰팡이와 습기, 싱크대와 복도는 쓰레기와 설거지 되지 않은 식기들로 발 디딜 틈이 없었습니다. 그날 청소만 그 좁은 집을 5시간 동안 쉬지 않고 했고, 더러운 물건들을 버리면서 필요한 물건들을 새롭게 구매해주었습니다. 그 이후부터 규진이는 저를 잘 따라주기 시작했고, 좋지 않던 건강과 매번 냄새나는 옷과 머리에서는 씻고 온 흔적들이 보이기 시작했고, 건강 탓에 잦았던 결석조차 정상적인 출석을 하기 시작했습니다. 그러고 1년 동안 규진이는 자유학교에서 수업을 듣고 아슬아슬하게 검정고시를 통과해 졸업하게 되었습니다. 처음에는 부담과 걱정으로 다가왔던 학생을 마음으로 품기로 결단했고 시간과 마음을 쏟았더니 세상에서 가장 사랑스러운 학생으로 저에게 자리 남았습니다. 규진이가 자주 말해줬습니다. “선생님요, 자유학교에서 선생님이 젤 좋습니다~” 지금도 이 말들이 문뜩문뜩 생각이 나서 규진이를 위해 축복하게 되는 것 같습니다.

2019년 여름 MT, 학생들의 이야기

저희 청소년 자유학교는 검정고시 합격이 곧 졸업입니다. 그래서 저희는 4월, 8월 검정고시를 치고 나면 학생들이 졸업하게 됩니다. 그 학생들을 위해 저희는 8월 검정고시가 끝나는 날 4월 졸업생, 8월 졸업생들과 함께 1박 2일로 MT를 떠나게 됩니다. 이때 선생님들은 대학교가 방학이지만 개강 2주 전까지 포항에 남아서 학생들을 가르치고 MT까지 인솔하고 있습니다. 저도 복학 후 2번째 여름방학 봉사였습니다. 무더운 여름 모두가 함께 힘을 모아 검정고시 합격을 위해 달렸고 결과와 상관없이 우리는 MT를 떠났습니다. MT를 하던 중 자연스럽게 선생님과 학생들끼리 서로가 하고 싶은 말들을 나누는 시간을 가지게 되었습니다. 평소에는 장난기도 많고 진지한 이야기를 하는 것을 꺼리는 친구들임에도 그 시간에는 누구보다도 진지하게 준비하지도 않은 이야기들을 전해주었습니다. "학교 다니면서 말썽도 많이 피웠지만, 항상 믿고 기다려주고 잘 챙겨주셔서 감사해요.", "학교에 대한 트라우마가 있었는데 자유학교를 통해 완전히 치유된 것 같아요. 너무 감사해요."라는 이야기를 하며 눈물을 흘리는 모습을 보았습니다. 얼마나 아름답고 감격스러운 순간인지, 저는 그 순간을 평생에 잊을 수 없을 것 같습니다. 쉬고 싶은 방학에도, 집에 가지 못하고 학생들을 위해 남아있는 것이 때로는 힘들고 지칠 때도 있었습니다. 그렇지만 이런 순간이 있기에, 참고 버틸 수 있는 것 같습니다.

체제가 무너지더라도 한 영혼을 살리는 것이 더 중요해!

제가 봉사를 할 때에 큰 신념을 지니게 된 사건입니다. 자유학교는 검정고시 고득점을 위한 학교가 아닌, 검정고시 합격을 위한 학교입니다. 그래서 원칙상 검정고시 합격을 한 학생이 고득점을 위해 학교를 더 다니는 것은 원칙에 어긋나는 것입니다. 그런데 어느 순간 학생들

사이에서 검정고시에 합격하고도 남아도 된다는 이야기가 떠돌기 시작했습니다. 선생님들은 당연히 안되는 거라고 얘기했지만, 학생들은 "교장 선생님께서 남아도 된다고 하시던데요?"라고 말해서 평교사 선생님들은 굉장히 난처한 상황이었습니다. 그때 당시 저는 임원이었기에 이러한 애로 사항을 평교사 선생님을 통해 들었고 교장 선생님이신 김윤규 교수님께 조심스럽게 물었습니다. 교장 선생님의 답변은 모두를 남기는 것이 아니라 지수(가명)라는 친구만 남는 게 어떻겠냐고 말했다고 하였습니다. 이유는 그 학생이 현재 검정고시에 합격해서 졸업한다고 해도 사회에 그대로 방치될 확률이 높다는 것이었습니다. 충분히 이해가 갈 만한 이유였습니다. 하지만 이 학생만 남기고 다른 학생 중 남고 싶은 학생들을 남기지 않으려면 타당한 이유를 말해야 하는데, 방치될 확률이 높다는 이유만으로는 학생들에게 말하기엔 불충분해 보였고 학교의 질서가 무너지지 않을까 걱정이 된다고 말씀을 드렸더니, 교장 선생님께서 이렇게 말씀하셨습니다. "질서나 체제가 무너지더라도 한 영혼을 살리는 것이 더 중요하다. 만약 남고 싶은 학생이 있다면 상담을 통해 사정을 다 알아보고 필요하다면 나에게 요청을 해라. 지수는 웬만하면 남겨서 방치되지 않을 수 있을 때까지 보살필 수 있도록 하자."라고 하셨습니다. 저는 "질서가 유지되어야 많은 학생들을 관리하기가 쉬울 텐데"라는 생각이 너무나도 부끄러운 순간이었습니다. 교장 선생님의 지금 주어진 영혼을 위해 깊이 생각하고 헌신하는 모습을 통해 봉사할 때 가장 중요한 것이 무엇인지를 확립하게 되는 순간이었던 것 같습니다.

봉사를 통해 변화된 나

8학기 동안 평교사 5학기, 임원으로 3학기를 보내며 타인을 섬기고 바꾸겠다고 시작하였지만 가장 많이 변화되고 섬김을 받은 건 저였습니다. 먼저는, 바쁜 상황 가운데에도 다른 사람을 섬길 수 있는 여유와 마음을 가질 수 있게 되었습니다. 방학을 포함해 6학기 동안 바쁜 일들이 너무나도 많아서 그만, 섬기는 것을 고민할 때가 있습니다. 하지만 그럴 때마다 결단하며 나아가면 보이는 수많은 경험과 열매들이 앞으로의 결단에 더욱 많은 영향을 주는 것 같아서 여전히 고민이 될 때가 많지만 다른 사람을 섬기겠노라고 결단하는 데에는 더욱 짧은 고민의 시간이 걸리는 것 같습니다. 또한, 사랑하는 기쁨을 누리며 살아가고 있습니다. 타인에게 사랑받는 것은 정말 기쁜 일입니다. 그런데, 봉사하면서 느끼는 것은 사랑받는 것보다 사랑하는 것이 더 큰 기쁨으로 다가온다는 것을 알게 되었습니다. 단순히 감정적으로 좋음이 아닌, 성경에서 말하는 사랑의 열매들을 실천할 때에 오는 감격과 기쁨은 사랑받기만을 원하는 이기적인 저의 모습을 사랑하고 싶게끔 하는 원동력이 되었습니다. 마지막으로 봉사를 통해 꿈을 키워가고 있습니다. 청소년들이 꿈을 꾸도록 도와주는 것이 저의 꿈인데, 청소년 자유학교에서의 활동들을 통해 학생들을 만나면서 어떻게 하면 저들의 꿈을 더욱 응원하고 발견할 수 있게 도와줄 수 있을까를 고민하면서 현재를 살아가고 미래를 꿈꿀 수 있는 시간을 보내고 있습니다. 앞으로도 계속해서 학생들의 꿈과 미래를 위해 쓰임 받을 수 있는 깨끗한 통로가 되고 싶습니다.

여담

저는 자유학교에서 만난, 저의 여자친구에게 어제 프러포즈를 했습니다. 여자친구와의 첫 만남은 자유학교 면접이었습니다. 바로 옆에서 같이 면접을 봤었던 거죠. 그때 여자친구는 자신을 소개할 때, "저를 한마디로 표현하면, 사랑이라고 표현할 수 있습니다."라고 당당하게 이야기하더라고요. 저는 "과연 이 친구가 사랑이 어떤 의미인지 알고나 이렇게 당당하게 얘기하는 걸까?" 하며, 사실 코웃음을 쳤었습니다. 참 저도 교만했죠. 그런데, 이 친구는 동기 중 유일하게 1학년부터 4학년 졸업할 때까지 모든 학기뿐 아니라, 매 방학 때도 자유학교를 섬기더라고요. 심지어 교무과장, 교무부장으로 섬기며 그 누구보다 자유학교, 학생 그리고 주변 동료 선생님을 사랑하더라고요. 무엇보다 자유학교 학생을 위해서 눈물을 머금고 기도하는 모습을 보며, 저의 교만을 반성하게 되었고, 이 친구를 존경하게 되었습니다. 결혼까지 다짐할 만큼 정말 이렇게 멋지고 사랑스러운 여자친구를 만날 수 있었던 자유학교에게 너무나도 고맙습니다.

'애들아, 잘 지내고 있니?'

교사 조민지

도대체 몇 년도에 자유학교를 다녔는지 모를 정도로 긴 세월이 흘렀다. 내가 자유학교를 시작했을 때 자유학교가 7년여가 되었다는 이야기를 들은 것도 같고, 또 그 다음 학기 휴학으로 자유학교를 계속 할 수 없었던 정황으로 끼워 맞춰 보았을 때 2008년 봄학기가 아니었나 싶다.

13여 년의 시간이 흘러 나는 아들 둘의 엄마가 되었고, 많은 우여곡절을 지나 삼십대 후반에 접어들었다. 내가 세월을 보내는 동안 그때 그 친구들도 세월을 따라 제 길을 걸어왔을까. 지금 즈음이면 어느덧 삼십대에 접어들었을 다섯 명의 아이들.

자유학교에 선생으로 가게 되었던 건 실은 사회봉사 학점 때문이었다. 2년간의 동아리 활동이 사회봉사 4학기로 인정이 되어 5학기를 등록할 무렵엔 의무적인 사회봉사는 마지막 한 학기를 남겨두었던 것으로 기억한다. 대학교 진학 이전부터 수학 과외로 용돈 벌이를 했었기 때문에 보람(?)도 찾고, 수월하게 봉사(?)를 해보려는 심산으로 자유학교를 신청했었다. 그 때는 그 아이들과의 만남이 이토록 오래 마음에 남게 될 것이라고는 생각지 못했다.

처음 자유학교를 들어섰을 때, 아니 실은 자유학교를 다니는 한 학기 내내 자유학교 교정에 들어서는 건 일종의 연기력을 필요로 했다. 모태신앙에 평생을 모범생으로만 자라온 내게 교문을 넘어 화단에 쭉 둘러서서 담배를 뻐끔뻐끔 피우며 킥킥 거리고 있는 학생들을 지나 교실로 향하는 것은 참 익숙해지기 어려운 일이었다. 어느 영화에서 말했듯이 분명히 '나는 선생이고, 너는 학생'인데 마치 동급생 불량청소년을 마주치듯 어깨와 가슴이 움츠러들었고, 그런 모습을 숨기기 위해 일부러 쿨한 선생님인 듯 인사를 하며 아이들을 지나치고는 했다.

아이들과의 괴리감은 직접 학생들과 만나 그 친구들이 자유학교까지 오게 된 배경을 들으면서 더 심해졌다. 진로의 방향을 묻는 말에 삼촌이 현직 조직 폭력배이고, 검정고시로 고등학교 졸업장을 따면 조직으로 들어오라고 했다며 자랑스러운 얼굴로 이야기하던 고1 녀석의 얘기를 들으면서 나는 아무 말도 해줄 수가 없었다. 나와는 너무 다른 세상에, 영화 같으나 너무나도 현실적인 세상에 살고 있는 아이들을 보면서 내가 그 친구들 인생에 무언가 도움이 될 수 있을 것이라는 기대를 할 수가 없었다. 대체 내가 그 아이들의 삶의 현장에 대해 알고 있는 것이 무엇이 있겠는가.

아이들과 가까워질 수 있었던 계기는 오히려 수업을 시작하면서 찾아왔다. 예전에 과외를 할 때는 일상적인 이야기를 하면서 가르치던 학생들과 가까워지고, 수업을 하면서 멀어지고(?)를 반복했는데, 그 친구들과는 오히려 수업을 하면서 유대감이 싹 텄었던 것 같다.

고1 수준에 맞추어 수업을 하려고 하던 나의 계획은 첫 수업에서부터 무너졌다. 내 수업에는 주로 고1 3~4명, 고2 1명이 들어왔었는데, 이 친구들은 모두 고등학교 검정고시를 준비하는 친구들이었다. 학교를 아예 자퇴하거나 퇴학 상태인 친구도 있었고, 위탁 상태인 친구도 있었다. 첫 수업에서 방정식에 대해 설명하는 순간, 전혀 이해하지 못하는 듯한 표정으로 아이들이 화답했고, 곧 나는 아이들이 음수의 존재 자체를 알지 못한다는 사실을 깨달을 수 있었다. 아... 정규 교육과정에서는 중3 때 이미 인수분해에 대한 개념이 완료되는데... 숫자의 개념이 자연수에서부터 정수로 확장되는 것부터 구멍이 생기기 시작했다면, 이 친구들이 대체 어떻게 정규 교육과정을 따라갈 수 있겠는가 싶었고, 얼마나 학교 수업이 재미가 없었을지, 얼마나 딴 세상 소리 같았을까 하는 생각이 들어 마음이 아렸다. 그 때부터였던 것 같다. 이 친구들이 내 제자로, 내 학생으로 내 마음에 들어왔던 것이.

나는 그 때부터 모든 교육과정을 다 깨부수기 시작했다. 우리에게는 정규 교육과정과 같이 규칙적이고 장기적인 시간이 허락되지 않았었다. 일주일에 고작 몇 시간의 수업으로 아이들은 중학교 개념부터 고등학교 개념까지를 모두 이해해야 했다. 다행인 것은 이 친구들이 이미 고등학생 나이라는 것, 따라서 그에 합당한 지능을 기대할 수 있고 일반 중학생보다 조금 더 복잡한 개념까지도 한 번에 접근할 수 있다는 것이었다. 정규 교육과정에 포함되어 있는 내용 중 쭉 연결할 수 있는 개념들을 추출했고, 우리는 수의 확장부터 등식, 인수분해, 일차방정식, 일차함수, 이차방정식, 이차함수, 일차 부등식, 이차 부등식까지 쭉 연결할 수 있는 내용들을 공부했다. 인수분해 따로, 방정식 따로, 함수 따로 공부하는 것이 아니었기 때문에 개념을 쭉 연결할 수 있었고, 때로 뻗어있는 어깨를 주무르는 듯 꼬집어가며, 지각과 결석을 못하게 채근해 가며 우리는 차근차근 공부를 해나갔다. 문제를 풀면 대부분은 거의 틀렸지만, 그래도 우리는 포기하지 않고 한 개념, 한 문제씩을 정복해 나갔다.

내가 아이들과 만났던 그 봄 학기에 우리 반 학생들은 검정고시를 치르지 않았다. 개인적인 사정으로 나는 그 다음 학기에 휴학을 해야 했고, 자유학교에는 더 이상 가지 못했다. 아이들이 그 다음에도 공부를 열심히 했는지, 검정고시는 잘 통과했는지 등은 알 수가 없었다. 다만 그 친구들 중 한 명과 SNS 친구를 맺었고, SNS를 통해 여전히 밝던 그 친구의 표정들, 여자친구와 아기자기하게 연애하던 모습들을 종종 확인할 수 있었다. 아주 가끔 그 친구로부터 "쌤, 잘 지내시죠?"라는 메시지를 받았고, 우리는 서로의 안부를 물으며 응원과 격려를 주고 받았다. 몇 년 동안 그래왔던 것 같다.

그저 스쳐 지나가는 인연일 줄 알았는데, 별로 기억에도 남지 않을 만남일 줄 알았는데, 그렇지가 않다. 이제는 세월이 많이 흘러 어디서 어떻게 살고 있는지 알 수 없는 인연이 되었지만, 내 마음에는 여전히 그 때 그 장난기 가득하던 표정들이 생생하다. 복잡하고 어려운 환경에서도 해맑게 웃던 아이들. 담배 냄새난다고 등허리를 후려쳐도 (?) 그저 웃기만 하던 아이들. 지루하고 졸릴 텐데도 꾸역꾸역 수업에 들어와서 앉아 있던 그 때 그 친구들.

얘들아, 잘 지내고 있니? 여전히 너희의 푸르던 청소년 때를 쌤은 기억한단다. 너희의 삼십대도 여전히 싱싱하기를, 여전히 밝기를, 여전히 매일의 꽃을 피워가기를 기도할게^^ 보고 싶다^^

인연

공동체 교사 주라희

새로운 일을 시작한다는 것은 두려움과 설렘이 함께하는 것 같다. 처음에는, 큰아들 친구 엄마이자 먼저 봉사활동을 하고 있던 강은주 선생님이 같이 봉사활동을 해보자는 말씀을 했을 때 몇 번을 망설이다가 그냥 한번 따라 가볼까 하는 마음으로 자유학교에 발을 들여놓게 되었다.

성격상 낯을 조금 가리는 편이라 따라는 갔지만, 어색한 마음이 었으나 김윤규 교장 선생님과 사모님의 온화하고 환한 얼굴을 보는 순간 마음이 편안해졌다.

두 분의 첫인상은 사람을 너무 편안하게 해주시는 것 같았다. 봉사를 한다는 것이 말로는 참 쉬운 듯해도 막상 하려고 하면 왠지 힘들 것 같고 안 하던 것이라 어색할 것도 같고 잘할 수 있을까 하는 생각과 사실 겁도 났지만, 교장 선생님과 사모님을 보는 순간 조금은 할 수 있겠다는 생각이 들었다.

그렇게 봉사라는 길에 첫발을 들여놓고 보니 봉사라는 것이 마음만 먹으면 얼마든지 할 수 있는 일이라는 것을 알았다. 누가

시켜서 하라고 하면 하기 싫어지지만 나 스스로 누군가를 위해 작은 보탬이라도 할 수 있다는 것에 힘이 생기는 것 같고 자신감도 생기는 것 같았다. 그렇게 시작한 나의 봉사활동은 일주일에 한 번이지만 시간을 내어 선생님들과 학생들에게, 내 가족에게 맛난 음식을 해 줄 때 행복하고 즐거운 것처럼, 정성껏 맛있는 음식을 해주는 일이다.
맛이 없어도 항상 맛있게 먹어주는 모습들을 보면 기분이 좋다.

그렇게 매년 아이들이 우리가 해주는 따뜻한 음식들을 먹고, 열정과 사랑이 넘치는 선생님들께서 열심히 가르쳐 주시고, 학생들도 열심히 공부하여 자유학교를 떠나고 또 다른 아이들이 들어올 때 보면 처음 내가 자유학교에 봉사 갔을 때의 모습을 보는 것 같았다.
새로운 아이들과 친해지기까지의 어색함이라 할까 그래도 열심히 하려고 하는 마음들을 보면 내 마음이 뿌듯하고 음식을 한 개라도 더 주고 싶은 마음이 들었다. 그렇게 열심히 공부를 하여 모두들 좋은 결실을 맺어 이곳을 떠나 사회에서 열심히 생활하다 한 번씩 밝고 명랑한 모습들로 찾아오는 아이들의 모습을 보면 내 마음도 같이 즐거워지는 것을 느꼈다.

이 아이들도 이곳에서 교장 선생님과 많은 선생님들께 받은 사랑을 사회에 나가서 주위의 어려운 사람들을 위해서 나누어 줄 수 있는 사람들이 되었으면 하는 바람을 가져본다. 이곳에서 봉사를 하면서 나 자신을 가끔씩 돌아보는 시간도 가지고 작은 것 하나에도 감사하는 마음을 갖도록 항상 마음을 먹고 살아가고 있다.
꼭 큰 것은 아니지만 조금의 시간이 있으면, 우리를 필요로 하는 곳이 있다면 작은 정성이라도 나눔으로써 이웃을 위하여 보탬이 될 수 있게 자신의 잠재능력을 발휘하여 어느 곳에서나 필요로 하는 곳에서 조그만 힘이라도 되었으면 하는 생각이다.
항상 모든 일에 감사하고 사랑하면서 살아야겠다는 것을 청소년 자유학교에서의 봉사활동을 통해서 깨달았다.

청소년 자유학교는 정규학교 생활을 이런저런 이유로 적응하지 못하고 방황하는 아이들에게 학비를 내지 않고 선생님들의 무보수로 검정고시를 치를 수 있게 공부를 하는 곳이며, 수업 중간중간 아이들에게 한 가지 악기를 가르쳐 음악회도 하며 아이들에게 자신감을 갖게 하여 살아가는데 큰 힘이 될 수 있게 도움을 주는 곳이라고 생각합니다. 앞으로도 계속 이곳에 오는 모든 아이들이 사회에 나가서 훌륭한 사람들이 되었으면 하는 바람입니다.

그리고 아이들을 사랑으로 보살펴 주시는 교장 선생님과 모든 선생님들, 존경하고 사랑합니다.

라떼는 말이야

교사 천다솔

나의 대학생활은 자유학교와 떼려야 뗄 수 없다. 그도 그럴 것이 나는 군대 가기 전 겨울 계절학기, 4학년 2학기를 빼고 7학기 내내 자유학교 활동을 했다. 무슨 생각으로 그렇게 열심히 했는지 지금도 모르겠다. 젊은 날의 패기였는지, 사람을 변화시킨다는 사명감이었는지 아니면 방학 때 잔소리하는 부모님께 가지 않을 좋은 핑계가 필요했는지... 그래서 그런지 자유학교를 생각하면 마음이 정말 복잡하다. 정말 좋았는데, 좋아했었던 것 같은데 왜냐고 물어보면 정확히 이유를 대기 어려울 것 같다. 마치 마음속으로 좋아했던 사람을 한참 뒤 다시 봤을 때 예전에 좋아했던 이유가 기억나지 않는 것 같다고 할까?

자유학교가 20주년을 맞아 원고를 모집한다는 이야기를 듣고 어떤 이야기를 할까 곰곰이 생각해봤다. 교무부장으로 있으면서 겪었던 이야기를 쓸까 하다가 좀 더 오래된 이야기를 하기로 했다. 물론 '라떼는 말이야'식의 이야기는 언제나 환영받지 못한다는 건 알고 있지만 읽기 싫은 사람은 넘기겠지 하는 마음으로 쓴다.

내가 처음 만난 자유학교는 거친 곳이었다. 시설도 낙후하긴 했지만, 그보다 사람들이 거칠었다. 그 당시 학생들은 소년원과 친한 녀석들이 많았다. 절도, 폭행, 사기 등등. 그래서 그런지 법에 대해 가르칠 때에는 오히려 학생들이 재판정의 풍경과 검사와 판사의 모습들을 나에게 알려주기도 했었다. 심지어 포항 조직에 스카우트 제의를 받는 녀석들도 있다고 했다. 이런 녀석들을 잡기 위해서, 궁극적으로 이 녀석들을 가르치기 위해서는 선생님들도 거칠어야만 했다. 그때에는 전설의 선생님들이 많았다. 학교에 왔다가 저녁만 먹고 도망가던 학생들을 잡으러 뛰어가던 선생님, PC방에 있다는 소식을 듣고 포항 PC방을 뒤져서 학생을 데리고 온 선생님, 학생들 때문에 경찰서에 가서 학생들을 데리고 온 선생님. 그 시절 자유학교는 드라마에서나 볼 법한 선생님들이 모인 곳이었다. 지금 생각해보면 그 선생님들도 다 이십대였을 텐데, 거친 학생들과 지내느라 선생님들도 거칠어진 것이었다. 그래서 그런지 교무회의가 열리면 어김없이 언성이 높아지고 싸움이 났다. 학생 하나를 두고 어떻게 가르쳐야 하는지, 거리를 두어야 하는지 아닌지, 같이 술을 먹어도 되는지 안되는지, 학생과 개인적으로 연락을 해도 되는지 등등. 그렇게 치열하게 토론하다 기숙사 점호하기 직전에 뛰어서 돌아갔던 적도 많았었다. 왜 이렇게까지 해야 하는지 말해준 사람은 없었지만, 그것이 진심에서 우러나온 것이라는 걸 그 자리에 있었던 사람이라면 누구나 다 알 수 있었다. 그런 모습을 보면서 자유학교에 적응한 나와 동기 선생님들은 항상 학생들의 이야기를 주고받았고, 자신들만의 교수법을 발전시켰다. 인터넷으로 유명 강사 강의를 듣는 선생님도 있었고, 인터넷에서 문제를 찾아서 학생들의 수준에 맞게 편집한 선생님도 있었다. 또 (자유학교에서만 할 수 있는) 학생들과 같이 담배를 피우면서 혹은 수업 끝나고 몰래 같이 술잔을 기울이며 이야기하고 상담하는 선생님도 있었다.

선생님들이 이렇게 매달리니 결국 학생들은 견딜 수 없어서 변하기 시작했다. 초등학교에서 공부를 멈춘 학생들이 공부를 하기 시작하고 고등 검정고시까지 통과하더니 나중에 대학까지 가는 일이 일어났다. 선생님들 사이에서도 속으로는 힘들겠다고 생각했던 학생들까지 검정고시를 통과하고 사회에서 제 역할을 감당하며 살아나갔다. 물론 다시 유혹에 빠진 학생들도 있었지만 대부분의 학생들은 자유학교를 통해 변화되었고 더 나은 사람이 되었다. 흡사 영화 '모아나'의 용암 괴물 '테카'가 초록 심장을 되찾자 대지의 여신 '테 피티'로 변한 것 같은 광경이랄까.

무섭고 거칠었던, 하지만 따뜻하고 진심이 가득했던 그 시절이 가끔은 그립다. 아무 대가 없이 오직 학생들을 잘 가르쳐야 한다는 신념으로 가득 찼던 그때 그 시절의 선생님들이 그립다. 보상을 바라지 않고 학생들이 잘 떠나가면 그걸로 만족하는 그 시절의 선생님들이 너무 보고 싶다. 무엇보다 교사란 어때야 하는지 몸소 보여준 그때 그 시절의 선생님들로부터 정말 많은 것들을 배웠다. 그러면서도 후배 선생님들에게 그런 모습을 보여주지 못한 것 같아 미안한 마음이 크다. '교실 안의 야크'라는 영화에서는 선생님이란 "미래를 어루만지는 직업"이기 때문에 가치 있는 직업이라고 말한다. 미래를 어루만졌던 김정두, 김창규, 김광세, 최미나, 변지혜, 반소량, 최순현, 최영, 이성윤, 김솔, 고혜진, 박지혜, 김동혁, 이요한, 한용희, 서태욱, 조아라, 민은지, 강민우, 서미리나, 정평화 선생님. (혹시라도 이름이 틀렸거나 빠진 분들이 있다면 죄송합니다.) 그분들은 내가 그분들을 기억하는지 모르겠지만 그때 선생님들에게 정말 감사하고 존경한다는 말씀을 꼭 드리고 싶다.

자유학교에서 활동한 경험들, 좋았던 기억들 그리고 아직도 정의하지 못한 내 속의 꿈틀거림 때문에 나는 그 이후에 한동대학교 TEP(교사교육과정)도 수료했고, 케냐에 가서 1년 반 동안 학생들을 가르쳤고, 지금은 벨기에에서 교육학 석사과정을 하고 있다. 나이가 조금 들어서 세상 물정을 좀 알다 보니 교육학이라는 게 먹고살기 쉽지 않은 길이라는 것을 깨달았다. 왜 돈도 벌기 힘들고 취업도 어려운 교육을 공부하게 되었나 생각해보니 여기까지 온 게 다 자유학교 때문이다. 그래 다 자유학교 탓이다.

자유학교 OB 활동

교사 최순현

안녕하세요.

청소년 자유학교와 인연을 맺은지 벌써 15년째인 최순현입니다.

2007년, 대학교 입학과 동시에 팀 선배의 소개로 우연히 시작한 자유학교와의 인연이 지금까지 이어져 오고 있다는 사실도 신기한데, 자유학교가 벌써 20주년이라는 사실은 더 신기하네요! 20주년 축하드리고 교장 선생님을 비롯한 선생님들, 학생분들, 그동안 정말 수고 많으셨습니다!!

청소년 자유학교가 한동대학교 동아리로 시작된 첫 기수의 특권으로 잠시 '라떼는 말이야...'를 해보자면, 자유학교에서의 첫 국어 대안 수업을 위해 사자성어 퀴즈 영상을 찍고 밤새 편집하던 추억, 육거리 시내 있던 자유학교에서 같이 간식을 먹던 추억, 한동대학교 창업보육센터 1층에서 새벽까지 회의를 하던 추억이 새록새록 나네요.

당시에는 학생들을 위해 열심히 수업 준비를 하던 저를 포함한 선생님들이 정말 대단하다고 생각했었는데, 지금 와서 돌아보니 본인들과 나이도 별로 차이 나지 않는 새내기 대학생들이었음에도 불구하고 꼬박꼬박 선생님이라고 불러주고, 준비했던 수업을 집중해서 들어준 학생들이 더 대단했었던 것 같네요. 학생들이 저를 선생님으로 불러주자 선생님이라는 이름이 아깝지 않도록 더욱 열심히 수업준비하면서 제대로 된 선생님이 되어가려고 노력했던 것 같습니다. 자유학교의 원동력은 여기에서 나오는 게 아닐까 싶어요. 물론 자유학교에서 선생님이 되어가는 과정에서 힘든 시간도 많았겠지만 15년 전에 당시 같이 회의하고 수업 준비를 하던 선배, 후배, 동기 선생님들을 자유학교라는 단톡방 아래 지금까지도 연락하고, 만나는 것을 보면 자유학교라는 곳이 저에게는 너무나 감사하고 좋은 추억으로 남아있는 것은 분명한 것 같네요. (단톡방에 있는 다른 분들도 마찬가지겠죠?)

처음에 제가 자유학교와의 인연이 '15년째'라고 소개한 이유는 대학 졸업 후에도 여전히 "청힘모"라는 작은 후원회를 운영하고 있기 때문입니다.

소개하는 척하며 슬쩍 홍보하자면, 청힘모는 '청소년 자유학교에 힘이 되는 OB 모임'이라는 뜻으로 2015년부터 몇 명의 자유학교 OB 선생님들과 함께 자발적으로 시작되었습니다. 자유학교를 응원하는 동시에 학생들에게도 실질적인 도움이 되고자 부담 없는 금액인 커피 한 잔 값(오천 원)을 매달 모아 도움이 필요할 때 돕고 있습니다. 때마다 보내주시는 자유학교 소식지도 OB 분들과 함께 공유하며 자유학교와의 가늘고 긴 연결고리를 이어가고 있습니다.

지금까지 총 49명의 OB 선생님이 함께해주셔서 800번의 입금을 통해 약 6백만 원을 BBQ, 검정고시 도시락, 장학금, 학생 보증금, 음악회, 홈커밍 후원 등으로 사용했습니다. (이 글을 읽고 함께하고 싶으신 분들은 지금 바로 010-2203-2082로 문자 주세요^^)

교장 선생님께서도 항상 말씀하신 것처럼, 더 이상 자유학교가 필요하지 않는 날이 오길 바라며 그때까지, 자유학교를 위해 저를 포함한 OB들도 작은 힘을 보태며 응원하겠습니다 :)

자유학교 20주년 다시 한번 축하드리고, 특히 올해 코로나라는 큰 어려움에도 불구하고 선생님이 되어주신 분들, 그리고 선생님들을 기꺼이 선생님이라고 진심으로 불러주신 학생들 모두 수고 많으셨습니다.

선생의 자격

교사 최회열

대학교 입학 첫 주에 '한스트'라는 신입생 오리엔테이션을 했었다. 예배도 드리고 설교도 듣고 무슨 무슨 교수님이 나오셔서 좋은 말씀도 많이 해주시던 시간이었는데, 신입생들에게 단연 인기 있었던 프로그램은 바로 동아리 영업시간이었다. 동아리 소개하는 시간이 여러모로 신기하고 흥미로웠던 기억이 난다. 예를 들면 웅장한 노래와 드럼비트에 맞춰 엄청나게 멋있고 화려한 춤을 춰 신입생 뇌리에 강렬한 인상을 남기고는 정작 "우리 동아리는 춤 동아리인데 사실 춤 실력은 안보니까 많이 많이 지원해주세요!"라든가 엄청난 화음을 쌓아 다른 세상에 있는 듯한 경험을 선사해 주고는 "저희 처음부터 이렇게 잘하는 거 아니었으니까 겁먹지 말고 많이 지원해주세요!"라든가 또 아니면 무아의 경지에 이른 신들린 사물놀이를 보여주고서는 "일단 들어오시기만 하면 가르쳐드릴 테니 어서 오세요" 등의 영업이었다. 나도 저 동아리에 들어가기만 한다면, 제2의 인생이 펼쳐질 것만 같은 절반의 기대감과 아무리 그래도 실력을 보지 않을까 하는 절반의 의구심이 마구마구 피어오르는 시간이었다. 그러나 아침 7시부터 시작해서 거의 저녁 11시 12시에 끝나는 OT 일정은 갓 20살 먹은 신입생들마저 녹초로 만들기는 충분했다. 3일 차부터는 의자에 앉기만 하면 수 분 내로 반수면 상태에 빠져 있다가, 끼니를 먹으러 스멀스멀 움직이고, 일어나서 찬양을 부르면 잠깐 잠이 깼나 싶다가도 기도 시작과 동시에 밀려오는 졸음을 버텨내는 건 여간 힘든 일이 아니었다. 며칠 만에 절여진 파김치가 돼 버린, 이 몸이 내 몸인지 내 이웃의 몸인지도 구분하기 힘든 그 상태에서, 내가 예술 학교에 온 게 아닐까 헷갈리게 만드는 그런 공연들도 아닌, 자유학교를 소개하는 잔잔한 토크쇼에 눈이 번쩍 뜨였다.

그리하여 개강 첫 주, 학관을 비롯한 도서관 앞, 기숙사 등 학생들의 발자욱이 남는 그 모든 곳에는 동아리 홍보 포스터가 붙었고, 나는 자유학교에 지원하기로 했다. 그리고 소문을 들어보니, 동아리 홍보와는 다르게 막상 동아리 면접은 좀 더 많은 것들을 요구한다고 했다. 춤 동아리는 웨이브와 꺾기가 어느 정도 가능해야 뽑았고, 사물놀이를 하던 동아리에선 중고등학교 때 사물놀이 경력이 어느 정도 필요했었다. 아카펠라를 하는 동아리는 최소 두성으로 노래를 할 줄 알아야 하는 조건들이 있었다. 다행히도 나는 자유학교를 지원했고 자유학교는 나에게 높은 허들을 제시하지 않았다. 그렇게 들어간 자유학교에서 나는 졸업하는 학기까지 선생님을 하며 학교를 졸업했다.

춤 동아리는 춤을 잘 춰야 하고, 밴드 동아리는 악기를 잘 해야 했지만, 자유학교는 나에게 특별한 능력과 스킬을 요구하지 않았다. 그리고 그간의 경험으로 비춰보자면 어떠한 능력 자체가 좋은 선생님으로 만들지도 않았다. 그렇지만 신기하게도 특별한 자격을 갖추지 않은 사람들이 모여 겨우 몇 살 어린 학생들을 가르치고, 그 학생들의 인생이 바뀌는 걸 보았다. 아아 자유학교의 비밀은 무엇일까.

졸업 후 소식지가 메일로 날라오면, 간혹 얼굴이 붉어질 때가 있다. 내가 과연 그 학생들을 가르칠 만한 사람이었던 걸까? 선생의 자리에 설 수 있는 조건과 자격이 있는 사람이었을까? 내가 무엇이라고 가르치는 자리에 섰던 것일까? 자격이 없었던 것이 분명하다. 돌이켜봐도, 지금도 난 그럴 깜냥이 안 된다. 그럼에도 학교가 요구하는 학점을 동아리 활동을 하며 채웠고, 또 매주 학교에선 먹을 수 없는 따뜻한 밥을 먹었고, 취업을 할 때도 자유학교로 나를 설명하였으며, 학생들의 인생이 긍정적으로 바뀌는 과정에 동참할 수 있었고, 또 스승이라 부를 수 있는 사람들을 만났으며 감히 내 인생의 친구이자 동지라고 부를 수 있는 사람들도 만났다. 아직도 잘 모르겠다. 신입생 OT 때 자유학교를 소개하러 나온 선생님이 무슨 말을 했는지도 기억이 잘 안 나고, 내가 쓴 동아리 지원서도 기억이 안 난다. 나는 자격이 있는 선생님이었을까? 빚진 마음 한 아름 품고 나를 선생이라 불러준 학생들과 동료 교사들에게, 자유학교에게 고마운 마음을 전한다.

촉촉한 이야기

공동체 교사 황병숙

인생은 만남의 연속인지도 모른다.

교수님을 처음 만나 강의를 들으면서 참 바른 사람이겠구나. 닮고 싶은 사람 중 한 사람이었다. 그런데 또 한 분, 하지 않아도 될 것 같은 일을 묵묵히 처연하게 해내시는 사모님도 그랬다. 마냥 철없는 꿈들을 다독여가며 궂은 모든 일. 또한 밥하고 청소하고 열악한 환경, 여름에는 더위 속에, 찬바람 추위 속에서도 반찬과 김장을 해내시던 모습. 조금도 짜증스러워하지 않는 좋은 얼굴이다.

제가 알지 못했던 진정한 사회봉사란 것을 느끼게 했습니다. 그렇게 쌓인 시간 속에서 20년이 되었다네요. 그간의 세월만큼이나 많은 축하를 하면서 저도 행복합니다. 매번 만나는 짝꿍 도우미 샘. 연중 한두 번 뵙는 여러 도우미 선생님들 가운데 함께 할 수 있음이 새롭게 기쁨이 되네요. 봉사라는 이름으로 저의 영혼이 아름다워지는 것에 한발 담그고 건강하게 지낼 수 있음이 무한정 행운입니다.

좋은 화장품으로 얼굴이 촉촉해지는 것도 좋지만, 좋은 생각으로 마음이 촉촉해지는 것이 천 배 만 배 더 귀하다는 것을 우리는 알고 있습니다. 대단할 것도 없는, 한 주일에 한 번 저녁시간을 냈을 뿐인데, 매년 방학 무렵이면 산타가 돼 주시기도 했습니다. 스승의 날에는 곱디고운 카네이션을 받을 때는 부끄러움에 실없는 말을 하기도 했는데, 학생 선생님들은 고운 마음을 담은 쪽지와 선물로 내 마음을 환하게 해주었습니다. 각각의 사정으로 학교를 떠나 이곳 자유학교로 오기까지의 마음고생을 뒤로하고 학생들이 전해주는 예쁜 장미 한 송이, 그들의 마음과 그날의 감동은 언제까지나 내 가슴에 남아 영원히 간직될 것입니다.

가끔 투정 부릴 곳이 마땅치 않아 투정 부리는 학생을 사랑 이상으로 거두어 책상 앞으로 이끌고 밥 먹게 만들어 검정고시 합격하게 하고, 꿈과 희망을 가지게 하고, 성취감을 느끼게 가르치는 학생 선생님들. 아직 어리기만 한데 자신의 시간을 나누고 방학을 기꺼이 할애하는 마음 그릇은 어른들보다 더 커다랗다는 것을 보았습니다. 내가 그 시절 해보지 못했던 것에 살짝 부럽기도 했고, 이 어린 선생님들께 한 수 배우는 느낌도 받았습니다.

"우리 학생들 전원 합격했어요" 벙글벙글하시던 교장 선생님. 학생 한 명이라도 장학금 더 챙겨주시려고 애쓰시던 모습. "밥 먹고 담배 피워라" 말씀하시고 쓸쓸하게 들어오시는 표정은 내 마음을 가끔, 자주 울컥울컥 흔들리게도 하셨지요.

요즈음 코로나19로 만날 수 없이 흐르는 시간이 안타깝고 궁금합니다. 야학 학생 없는 세상이 오면 얼마나 좋을까요. 교장 선생님의 바람처럼 그때를 희망하며 이 어린 청소년들, 사회에 보탬이 되고 자신의 삶을 더불어 잘 살아갈 수 있도록, 교장 선생님과 학생 선생님들, 주부 선생님들, 봉사라는 정신이 아름다운 보람으로 승화될 수 있기를 진심으로 바랍니다.

이 지면을 통해, 제가 이 뜻깊은 일에 함께 참여할 수 있어 참으로 감사하다는 말씀을 드립니다.

우리가 남긴 이야기들

신입 선생님의 생각

김보은

"밥 먹었어?"

"응. 점심은 먹었고, 저녁은 대안학교 가서 먹을 거야."

"그래, 가서 '너 동생이다' 생각하고 잘 가르쳐라."

"알겠어."

참 엄마는 질리지도 않는가 보다. 전화를 걸면 첫인사는 밥 먹었니, 끝인사는 밥 잘 먹어라. 항상 밥으로 안부를 묻는다. 그런 뻔한 전화 레퍼토리에 약간의 변화가 생기는 요일이 목요일이다. 보통은 아침에 전화를 걸다가, 목요일은 오후 4시쯤 전화를 건다. 공강의 여유를 느끼며 꾸물꾸물 대다가, 밖에 나갈 준비를 하고 육거리행 셔틀버스를 타러 가는 시간이 딱 그쯤 되기 때문이다.

몇 끼니를 자유학교에서 먹었는지 정확히는 모르겠지만, 확실히 자유학교 밥이 내 얼굴을 호빵처럼 빵실빵실하게 만드는데 한몫했다. 수업을 마치고 밥을 먹으면 학생들이 나에게 많이 드시란다. 그러면 항상 쌤은 평소에 조금 먹는데 자유학교 오는 날만 수업하면 배가 너무 고파 밥을 많이 먹는 것이라고 변명을 둘러댄다. 사실 약간 쑥스럽기도 해서 약간은 밥 먹는 속도를 늦추지만, 이내 반찬을 비우고 더 받아온다.

밥을 먹으면서 아이들과 이야기를 나눈다. 이름은 무엇인지, 학교 오기 전엔 무엇을 하는지, 뭐 하고 싶은지. 사실 이 세 질문은 내가 학생들과 밥 먹을 때마다 매번 묻는 질문이다. 아마 아이들도 속으론 '쌤은 질리지도 않을까?'라고 생각할 수도 있겠다. 자유학교에 온 지 얼마 안 된 학생들은 밥을 먹는데 선생님이 자꾸 말을 거는 것을 약간은 어색해한다. 그러나 그렇게 두어 끼를 함께 먹고 나면, 선생님이 식사를 마칠 때까지 기다려주기도 하고, 먼저 반찬을 더 가져오기도 한다. 밥 받는 줄이 어색해서 담배존을 서성거리던 신입 학생들의 모습을 생각하면, 참 아이들이 적응 잘 한다는 생각이 든다.

어느 날은 하루에 두 명의 졸업생이 자유학교에 온 적이 있었다. 공교롭게도 이날 신입 선생님들의 모의 수업으로 인해 기존 선생님들이 수업시간이 비게 되었다. 졸업생들도, 선생님들도 모두 이리저리 배회하다가 함께 식당으로 향했다. 공동체 선생님들을 도와 전을 부치고 수저를 놓는다. 조용조용히 돕던 학생들이 좀 더 도울 일은 없나 살펴본다. 학교 다닐 때는 그렇게도 당번활동 하기 싫어하더니, 졸업한 몇 달 새에 조금 더 어른스러워졌나 보다. 어쩌면 학생들은 원래 어른스러웠는데 재학생 시절에는 식사준비를 자발적으로 돕기 쑥스러워 괜히 그랬는지도 모르겠다. 실제로 졸업생 중에 저녁시간에 맞춰 오는 친구들은 꽤 된다. 다들 입을 모아 하는 소리가 자유학교 밥이 먹고 싶어 왔다고 한다. 어느 친구는 아예 집에서 반찬통을 챙겨와서 남은 반찬을 싸가기도 한다. 사실 무지하게 부러웠다.

어색한 사람과 낯선 장소에서의 식사는 얼마나 어색한가? 밥이 입으로 들어가는지 코로 들어가는지도 모를 정도로 참 뻘쭘하다. 그런데 시내에 나온 길에, 아니면 대학 수업 마치고 집에 가는 길에, 혹은 진짜 밥을 먹으러 자유학교에 오는 많은 자유학교 학생들을 보니, 아이들에게 자유학교는 푸근한 집밥을 먹을 수 있는 그런 곳인가 보다. 선생님들과 자유학교 졸업생들이 몇 년 뒤에 다시 포항에 와도 밥을 먹고 갈 수 있는 곳이 자유학교가 아닐까.

박지용

이번 학기에 들어온 신입 선생님으로서 자유학교에 한 일원이 되어서 우선 너무 기쁩니다. 개인 사정으로 인해 정규학교 과정을 이수하지 못한 학생들을 위한 학교라고 알고 들어왔는데, 교장 선생님 말씀처럼 단 한 명의 학생만 있어도 개교한다는 마음을 가지고 학생 한 명, 한 명 열심히 가르치고 싶습니다. 뿐만 아니라 사정이 좋지 못한 아이들이 더 많이 학교에 들어와서 고등학교도 졸업하고 대학교까지 가서 자신들이 가진 재능들을 자유롭게 펼쳤으면 좋겠습니다. 그리고 개인적으로 비행에서 비행으로라는 말이 너무 맘에 듭니다! 자유학교 파이팅!

박채운

누군가를 가르친다는 일이 매우 뜻깊고 저한테도 많은 경험인 것 같습니다. 자유학교를 들어가기 전에 동아리 활동에 대한 기대, 아이들에 대한 기대도 많았습니다. 실제로 아이들과 만나고 선생님이 되니까, 처음에는 제가 생각한 것과 다른 부분이 있어 힘들기도 했지만, 점점 괜찮아지는 것 같습니다! 앞으로도 동아리 활동이 기대될 만큼요:) 동아리 선배분들도 착하시고 아이들도 착하고 정말 좋아요.

유설완

처음 아이들 앞에서 수업할 때가 생생하다. 자유 학교를 지원했을 당시 나의 머릿속에는 아이들 앞에서 유창하고 멋있게 수업하는 나의 모습이 그려졌다. 하지만 상상 속 나의 모습은 첫 수업에서 무참히 깨어졌다. 어느새 교탁 앞에는 어리숙하게 수업을 진행하고 있는 나를 발견할 수 있었다. 유창하고, 엄하고, 때로는 부드럽게 아이들을 가르치는 상상 속 나의 모습은 온데간데없다. 과제 발표를 위해 교수와 학생들 앞에 선 것처럼 처음 학교 MT에 가서 자기 자신을 소개했던 것처럼 민망함과 어색함이 온몸으로 표출되는 모습이었다. “안녕하세요, 선생님.” 아이들에게 받는 인사는 새삼 내가 선생님인 것을 깨닫게 한다. 앞으로 남은 인생에서 ‘선생님’으로 불릴 날이 이날 말고 또 있을까. ‘학생’으로 불리던 내가 어느새 자유 학교에서 ‘선생님’이 됐다. 앞으로도 자유 학교에서 아이들을 가르치는 동안 선생님으로 불리겠지. 어쩌면 너무나 익숙해져 당연하게 여기는 순간도 오지 않을까. 하지만 적어도 익숙함이 나태함이 되지 않기를, 서툴러도 정성으로 아이들을 대하는 선생님이 되길 소망한다.

윤은진

사실 처음 면접 봤을 때는 딱딱하고 어려운 분위기의 동아리일 거라고 생각했는데, 좋은 사람들도 많고 함께 활동하면서 나누었던 대화들이 다시 생각해보면 의미 있었고 배울 점들이 많았던 것 같습니다. 그리고 아직 가르친 아이들이 시험 보지 않아서 보람을 느끼기에는 이르지만, 열심히 준비해간 수업을 잘 들어주고, 이해하려고 질문하는 아이들의 모습에서 소소한 감동들을 받고 있습니다.

이동영

5교시 혹은 6교시가 끝나고 일주일에 한 번 어김없이 발걸음은 버스정류장으로 향합니다. “기쁨의 교회에서 내릴게요~”, “이제 내릴게요~”라고 말씀드린 뒤 버스에서 내려 왼편으로 정박해 있는 배들을 보며 몇 발자국, 차 한 대 지나가기도 빠듯한 골목골목을 몇 발자국, 1차선 도로를 건너 또 몇 발자국을 걸으면 자유학교에 도착하게 됩니다. 도란도란 학생들과 밥을 먹으며 이야기하기도 하고, 우리 반 학생들이 몇 명이 왔는지 확인을 한 뒤 복사기 앞에 서기도 합니다. 가끔 학생들이 아무도 오지 않은 날이면, ‘혹시 오지 않을까’라는 마음과 허무한 마음이 공존하기도 합니다. 수업이 시작되면 오늘 먹은 밥에 대해 이야기를 하기도 하고 앞으로의 장래에 대해 이야기하기도 합니다. 그러다 정신을 차리고 각자의 목표를, 멋진 미래를 위해 작은 발걸음을 옮겨봅니다. 수업이 끝나고 학생들은 저마다 집으로 향합니다. “~야 잘 가!”라고 한 후 다시 현실로 돌아옵니다. 내일모레 있는 퀴즈, 다음 주까지 제출해야 하는 보고서가 떠오릅니다. 과제를 하러 오석관으로, 방으로, 또 일주일 뒤에는 자유학교로 그 발걸음을 옮깁니다. 갑작스러운 과제 때문에 발걸음이 무거울 때도 있고, 놀고 싶을 때는 발이 쉽게 떼어지지 않을 때도 있습니다. 그래도 다시 맘을 고쳐먹고 자유학교로 향합니다. 왜냐하면 ‘좋아서’, 지식을 전달하는 것이 ‘좋아서’, 맛있는 밥을 먹을 수 있는 게 ‘좋아서’. 그때그때 마다 ‘좋은’ 이유가 달라지지만 결국 ‘좋아서’ 갑니다. 내가 ‘좋아서’ 가는 건데 매년 스승의 날 때 선물을 받기도 하고, 합격을 한 학생들이 고맙다고도 합니다. 아주 가끔, 밥 한 끼 하기도 합니다. 이제 익숙해질 때도 되었는데, 아직 부끄럽고 나 자신의 부족한 점을 보게 되는 것 같습니다. 뭐 하나 뛰어나지 않은 사람이라 매일 비슷한 마음으로 변하지 않은 믿음을 가지고 수업을 하러 가는 수밖에 없는 것 같습니다. 내일모레가 기대됩니다.

지대윤

안녕하세요? 이번에 새로 들어온 신입 10학번 지대윤이라고 합니다. 자유학교에 대해서는 포스터를 통해 알게 되었고, 미래에 대한 길도 찾고 보람찬 일도 하고자 자유학교에 지원하게 되었습니다. 처음 수업을 나갔을 땐 정말 힘들었습니다. 아이들이 내 수업도 잘 듣지 않는 것 같고, 왠지 혼자만 수업하고 있는 기분이 들었습니다. 그런데 차츰 아이들과 친해지고 자주자주 얼굴을 보니까 아이들도 저에 대해서 관심을 가지고 질문도 하고 먼저 말도 걸면서, 지금은 재미있는 수업시간이 되고 있습니다. 아이들이 겉모습과는 다르게 정말 착하다는 것을 수업할 때마다 깨닫고 있습니다. 더 친해져서 아이들과 더욱 깊은 이야기를 나눌 수 있는 관계가 되길 바랍니다.

박찬영

안녕하세요, 16학번 박찬영입니다:) 처음 신입으로 들어와서 신입프로그램을 할 때가 생생(?)하지는 않고, 그럴 때가 있었는데 어느덧 마지막이라고 감사장을 받을 때가 왔네요. 8학기 중 7학기를 함께한 자유학교를 떠나려니 너무 아쉽고, 많이 보고 싶을 것 같아요. 자유학교는 저에게 정말 많은 선물을 주었어요. 학생들과의 즐거운 수업들, 잊지 못할 졸업생들의 감사 인사. 부족한 제가 누군가의 인생에 개입한다는 게 때로는 부담스럽기도, 때로는 외면하고 싶을 때도 있었어요. 하지만 '선생님'이라는 이유만으로 자신의 깊은 이야기를 나눠주는 아이들이 고마워서, 작은 편지 한 장을 좋아해 주는 아이들이 사랑스러워서 지금까지 할 수 있었던 것 같아요. 사랑하고 싶어 시작한 자유학교에서 더 많은 사랑을 받아버렸네요. 그리고 사실 제일 즐거운 순간은 선생님들과 함께 하는 순간이었어요. 때로는 가벼운 농담으로, 때로는 진지한 이야기로, 때로는 학생들을 향한 따뜻한 마음으로 채워지는 그 버스 안이 감사했습니다. 가끔은 '내가 어떻게 여기 있을까'하는 생각이 들 정도로 너무 멋있고, 똑똑한 선생님들과 함께할 수 있어서 영광이었습니다. 저의 매일을 '자유학교'로 채울 수 있어서 정말 행복했습니다. 비록 이제는 자유학교를 떠나지만, 언제나 자유학교를 위해 기도하고, 자유학교를 응원할게요. 앞으로 더욱 따뜻한 자유학교이길 소망합니다. 그동안 정말 감사했고, 기회가 된다면 또 만나요:) 축복합니다♥

이찬미

"자유학교를 떠나면서"

안녕하세요! 저는 17-1기수인 이찬미라고 합니다. 새내기일 때가 엊그제 같은데 어느덧 제가 졸업생 선생님으로 소식지에 이름을 올리게 되다니 참 신기하고 또 영광이네요. 저는 평소에 사람들과 대화하는 것을 정말 좋아하고, 부족하지만 제가 가지고 있는 지식들을 나누고 그것을 이해할 수 있도록 가르치는 것을 좋아했습니다. 또한, 저희 학교의 슬로건 중에 하나인 "배워서 남 주자"도 실천할 수 있는 최고의 동아리라고 생각해서 제가 8학기 동안 자유학교에서 교사로 섬길 수 있었습니다. 자유학교에는 같은 한동대학교 학생인 자유학교 평교사, 보직 선생님들, 검정고시 합격을 위해 공부하러 온 학생들, 자유학교의 자랑, 늘 맛있는 밥을 만들어주시는 공동체 선생님들, 자유학교를 이끌어주시는 교장, 교감 선생님들이 계십니다. 그렇기에 자유학교는 참 많은 사람들과 교제할 수 있는 공동체인 것 같습니다. 자유학교는 일주일에 한 번 수업을 가고, 최근에는 코로나로 인해 교무회의, 교사회의를 온라인으로 진행했기 때문에 수업하는 요일이 겹치는 선생님 말고는 만날 수 있는 시간이 더 없었습니다. 그래서 선생님들과 친해지기는 커녕 말할 수 있는 기회조차 많이 없었던 것 같습니다. 그런데 자유학교에는 정말 좋은 선생님들이 많아서 코로나가 조금 잠잠해진다면 대청소, 검정고시 파이팅, 소풍, 체육대회, 음악회, 종강 파티 등 참여할 수 있는 다양한 활동에 적극적으로 참여하면 정말 좋을 것 같아요! 저도 나름대로 열심히 참여하려고 했는데 그럼에도 불구하고 아쉬움이 남는 것 같습니다. 선생님들은 저와 같은 후회, 아쉬움 같은 건 없고 시원함만 느낄 수 있도록 더 열심히 참여하고, 즐겁게 좋은 사람들과 시간을 보내면 좋을 것 같아요. 또한, 자유학교는 선생님들뿐만 아니라 학생들에게도 많이 배우며 성장할 수 있는 곳이어서 아이들과 쉬는 시간이나 저녁 시간에 많은 대화를 나누면서 비전을 나누고, 사랑을 나누는 시간을 많이 가지셨으면 좋겠습니다. 다들 한동 최고의 동아리, 자유학교에서 활동할 수 있는 기간이 조금이라도 남으신 것이 너무 부러워요.ㅠㅠ 정말 귀한 일을 하고 계시는 여러분, 앞으로 자유학교를 하시는 동안에 많은 보람을 얻고, 많은 사랑을 하고, 받으며 후회 없이 가르치시고, 남은 한동에서의 학기도 잘 마무리하시길 응원하겠습니다. 파이팅!:D

임은채

"청소년 자유학교, 반짝이는 추억"

처음으로 자유학교에 수업을 하러 가던 기억이 납니다. '내가 과연, 이 친구들에게 도움을 줄 수 있을까?'라는 질문으로 시작했던 것 같습니다. 어떤 가치와, 사랑을 줄 수 있을지 혹은 검정고시 합격에 도움을 줄 수 있을지에 대한 고민을 지속적으로 했던 것 같습니다. 17년도 여름, 검정고시 합격을 위해 자유학교 선생님들과 학생들이 한마음이 되어 열심히 가르치며 배웠고, 가르친 학생들이 검정고시를 합격했다는 소식을 들었을 때 그 전에는 경험치 못한 감정을 느낄 수 있었습니다. 자유학교 친구들에게 조금이라도 공부를 하고자 그리고 삶을 희망차게 살아가고자 하는 희망을 준 것 같아 참 감사했습니다. 17년도부터 20

년도까지 자유학교를 경험하면서, 자유학교는 서로에게 희망을 주고 사랑을 주는 공동체라는 생각이 들었습니다. 그렇기에 자유학교라는 곳은 저의 대학 생활의 반짝이는 추억입니다. 수업을 나가던 길, 학생들과 저녁을 먹던 기억 그리고 검정고시 후 MT를 통해 이야기를 나눈 추억들이 제 인생에 있어 꺼내어볼 수 있는 소중한 추억이 되었습니다. 이제 졸업을 하여 자유학교를 반짝이는 추억으로 남기게 되었지만, 무엇보다 사랑이 가득한 자유학교가 늘 평안하기를 또한 치열하기를 응원하고 기도하겠습니다.

전여훈

안녕하세요, 15-1기수로 청소년 자유학교에 들어와 9학기 동안 활동한 15학번 전여훈입니다. 이 글을 쓰기 전에 자유학교에서 겪었던 일들을 생각해 보는데, 문득문득 생각이 나는 어느 날들이 있습니다. 처음엔 잔뜩 굳은 얼굴로 인사하던 학생들이 졸업하며 활짝 웃는 얼굴로 학교를 떠나는 것을 봤던 날, 허벅지에 용 문신을 하고 무섭게 날 쳐다보던 학생이 검정고시를 보는 날 전화를 해서 'P'로 시작하는 영어 단어를 다 알려달라고, 너무 긴장된다고 말했던 날, 졸업한 학생이 여자친구를 학교에 데려와서 소개해주었던 날, "쌤 덕분에 공부 재밌게 했다"는 말을 들었던 날까지, 이렇게 돌아보니 제가 그래도 학생들에게 꽤 괜찮은 선생님이었을 수도 있겠다는 생각이 들기도 합니다. 저에게는 졸업을 앞둔 지금도 여전히 선생님이라는 단어가 어색하고 부끄럽지만, 자유학교에서 '선생님'이라는 단어의 무게를 통해 제가 되려 색안경을 버리게 되는 배움을 얻고, 진짜 '나'를 찾으며 더 단단히 성장할 수 있었습니다. 지금까지 정말로 멋진 자유학교를 경험할 수 있게 길을 만들어주신 선배, 동료 선생님들께 정말로 감사드리고, 앞으로 자유학교를 만들어가실 후배 선생님들도 이곳에서 봉사 이상의 것들을 얻어가시길 응원하겠습니다.

Q. 자유학교의 선생님이 된 계기가 무엇인가요?

노윤주 선생님: 평소 누군가에게 가르치는 것을 좋아했고, 1학년 때 팀 언니들이 많이 추천했습니다.

천찬영 선생님: 봉사가 궁금해서 시작하게 되었습니다.

정평화 선생님: 흠… 사실 엄청난 사명감을 갖고 시작한 건 아니었던 것 같아요! 처음에는 호기심으로 시작했던 것 같아요! 근데 활동을 하면 할수록 책임감과 많은 가치를 느낄 수 있었어요!

Q. 자유학교에서 겪은 재미있는 일들을 들려주실 수 있나요?

노윤주 선생님: 신입 교육 중 처음으로 자유학교에 갔던 기억이 납니다. 참관 수업 미션이 학생들의 관계를 알아오는 것이었는데, 처음으로 아이들을 만나 떨림 반, 걱정 반으로 질문했던 추억이 떠오르네요. 얼마나 설렜는지 그때 입었던 옷이 아직도 기억이 납니다.

천찬영 선생님: 자유학교 면접 시 단골 질문 중에 "학생들이 술이나 담배를 사달라면 어떻게 하겠어요?"라는 질문이 있어요! 많은 지원자들

이 당황하는 질문이죠... 저도 1학년 때 친구와 같이 면접을 봤을 때, 이 질문을 받았어요! 친구에게 물어봤는데, 친구가 “빠른년생이어서 저도 못사는데요”라고 대답했죠. ㅎㅎ 그래서 저한테 물어봤는데 “저도 빠른년생이에요...”라고 대답했어요... 다행히도 그 친구와 같이 합격해서 오랫동안 열심히 자유학교 활동을 했습니다. ㅎㅎ 지금까지도 우정을 잘 이어오고 있습니다. ㅎㅎ

정평화 선생님: 중등 아이들을 맡았을 때 아이들이 서로 자기들이 잘나가는 일진이라고 해서 마냥 ‘그렇구나~ 귀엽구나~’ 하며 수업을 했었습니다. 어느 날 수업에서 깜짝 시험을 봤는데 세 녀석 전부 예상외로 점수가 잘 나와서 저녁을 사주기로 했죠. 육거리에 애들을 데리고 가는데 문신이 잔뜩 있는 동네 형들이 먼저 와서 인사를 하고 아는 척을 했어요. 이후 밥 먹을 때 자연스럽게 제가 고기를 구웠고 수업 준비도 더 열심히 하게 되었습니다. ㅎㅎ

Q. 자유학교가 지금 나에게 미친 영향은?

노윤주 선생님: 자유학교를 한 것이 취업을 위해 의도한 것은 아니었지만, 지금은 기독교 대안학교에서 교사로 근무하고 있습니다. 학교는 자유학교보다 학생들이 많은 편이라 개개인으로 마음을 쓰는 것이 생각보다 어렵습니다. 한 반에 적게는 15명, 많게는 18명의 학생이 있고 적어도 5~6개의 반을 가르치고 있는데, 그러다 보니 학생 모두를 인격적인 관계로 만나기가 쉽지 않습니다. 하지만 자유학교에서 학생 한 명, 한 명의 이야기를 안타까워하고 선생님들과 함께 고민했던 순간들을 기억하며 마음을 쓰고자 노력하고 있습니다.

천찬영 선생님: 저는 대학 생활의 거의 전부를 자유학교와 함께 했는데, 자유학교 활동을 통해 많이 성숙해질 수 있었던 거 같아요! 특히, 사람에 대한 고정관념이 많이 없어진 거 같아요! 사실... 처음 자유학교 수업을 갔을 때, 엄청 쫄았거든요... 비행청소년에 대한 이미지가 있어서 걱정을 엄청 많이 하고 갔어요! 근데 생각보다 학생들이 착하고 밝아서 많이 놀랐어요! 자유학교 활동을 하면서 점점 변하는 학생들을 보았고, 이를 통해서 고정관념이 많이 깨진 거 같아요! 그래서 사회생활을 하면서도 만나는 사람들을 고정관념 없이 보려고 하고 있어요! 사람을 있는 그대로 보고, 이해하려고 노력하고 있어요!

정평화 선생님: 봉사는 사랑이고 사랑은 일방통행이 아니었습니다. 내가 주는 줄 알았는데 받은 것이 더 크다는 걸 그때 처음 배웠습니다.

Q. 후배 선생님들이 자유학교에서 꼭 했으면 좋겠다는 것들이 있나요?

노윤주 선생님: 신입 선생님일 때, 동기들과 축제 부스를 함께 해보는 것을 추천합니다. 자유학교는 학생들을 만나는 공동체이지만, 다른 선생님들과의 관계도 매우 중요합니다. 사람이 맞아야, 그리고 마음이 맞아야 그 공동체와 오랫동안 함께 할 수 있을 텐데 무엇보다 가장 큰 힘이 되는 건 같은 마음으로 시작하는 동기인 것 같습니다. 더 끈끈한 시작을 위해서는 (엄청 싸우기도 하겠지만) 축제 부스만 한 게 없는 것 같네요.

천찬영 선생님: 선생님들 소풍! 자유학교 동아리 특성상 쌤들끼리 친해지기가 쉽지 않은 거 같아요... 같은 날 수업을 나가거나 반 모임, 교무회의로 모일 때만 주로 얼굴을 볼 수 있죠... 그리고 만나면 존댓말을 쓰다 보니 더 친해지기가 어려워요! 어사들이 진짜 많죠.ㅠ 그래

서 쌤들과 함께 할 수 있는 모임들은 서로 친해질 수 있는 좋은 기회인 거 같아요. 그래서 꼭 소풍이 아니더라도 쌤들과 함께 할 수 있는 활동(BBQ, 체육대회 등)은 꼭 했으면 좋겠어요 ㅎㅎ 특히 2016년에 쌤들과 갔던 경주월드 소풍은 너무너무 재밌었습니다. :)

정평화 선생님: 전날 학교에서 아이들과 시험 전날 마지막 체크를 하며 긴장 풀고 시험 당일 모닝콜을 해서 아이들 깨워가며 응원 준비를 하고 시험장에 들어가는 아이들 손에 초콜릿을 쥐여주며 힘내! 라고 말하는 그 날이 기억에 남습니다.

Q. 마지막 한 마디

노윤주 선생님: 다들 귀한 일을 하시고 계시는 거예요. 더 자부심을 갖고 앞으로도 파이팅입니다~

천찬영 선생님: 자유학교는 좋은 사람들을 많이 남길 수 있는 동아리에요!! 열심히 하시다 보면 주변에 정말 좋은 사람들이 생길 거에요!

정평화 선생님: 바보같이 열심히 해도 좋은 단체라고 생각합니다. 그럼 평생 꺼내보고 싶은 기억이 생길 거라고 믿습니다.

선해

To. 자유학교 모든 선생님들께

(* 그러니깐 한 분도 빠지지 않고 꼭 모.두.모.두. 읽어보세요♡)

♡선생님들 안녕하세요♡ 저 선해에요.ㅎㅎ 서!프!라!이!즈!!!!!!!!!!!!!!

곧 있으면 다가올 스승의 날을 맞이해서 감사의 마음을 모두!!!!!! 표현하고 싶어서 깜찍한 선해가 깜찍한 편지를 준비해 봤어요♡^^♡ ㅋㅋㅋㅋㅋㅋㅋㅋㅋㅋ......

진짜 @2013년 9월 9일에 설레는 마음으로 자유학교에 입학한 지가 엊그제 같은데 벌써 검정고시도 끝나서 후련한 마음도 있지만, 학교 다니면서 검고 준비할 때가 너무 그리워요.bb (이게 바로 국어 문제 풀이할 때 나왔었던 '찬란하고 슬픈 봄' 인가요, 국어쌤?zzzzz) 선생님들과 시험 준비하면서도 정말 정 많이 들었는데 이제 진짜로 헤어져야 한다니 정말 정말 아쉽고 슬퍼요.bb

아직 턱없이 부족한 저 변함없이 관심 가져 주시고 칭찬해 주셔서 잘 표현할 기회가 없었지만, 항상 너무너무 ♡감사했어요♡ 그리고 쌤들을 알게 되어서 얼마나 감사한지 몰라요.ㅎㅎ 제가 정말 언제 또 이렇게 많은 사랑을 받을지 모른다는 생각까지 들어서 더더욱 감사하고 좋은 추억 쌓고 갈 수 있게 되어서 감사해요 ♡_♡

지겨운 50분 수업만 해왔었다가 꿀 같은 45분 수업도 해보고, 소풍도 가서 재밌게 놀고, 연극도 보러 가고, 말 타러 갔다가 낙마도 해 보고.zzzzz 첫눈도 같이 맞고, 기타도 배워서 연주회도 해보고 거기다가 진행까지 맡아보고... 또 뭐가 있지...

그래도 저런 특별한 날들도 의미 있지만, 매일같이 학교 가서 공부하고, 웃고 떠들고, 저녁 먹는 시간까지 이런 보통 날들도 제일 큰 추억이라고 생각해요.ㅎㅎ 항상 웃으며 반겨주시고 챙겨주시고 수업도 잘 가르쳐주실 뿐만 아니라 불안해할 때마다 응원해 주신 쌤들이 계셔서 기대 이상으로 시험 무사히 통과할 수 있게 되었어요!! 그리고 공부뿐만 아니라 가끔 좋은 이야기도 많이 해주셔서 더 많은 것을 얻고 가는 기분이에요.ㅎㅎ

쌤들이랑 인사도 제대로 못 해보고 헤어지는 줄 알고 너무너무 슬펐는데 일주일이라도 더 볼 수 있는 기회가 생겨서 얼마나 좋았는지 몰라요.ㅎㅎ 아 맞다! 우리 평소에 사진 한 장 제대로 못 남기고 헤어진 게 두고두고 아쉬워 죽겠어요.ㅠㅠㅠ (그래서 일주일 동안 노리고 쉬는 시간에 폭풍 찍었는데!)

그래도 사진첩엔 모두 없지만 마음속엔 모두 평생 남을 거예요.♡♡♡♡♡ 평생 잊지 못할 거예요!!♡♡♡ 사랑해요!! 알러뷰!! 워아이니먼!! 나중에 공부 열심히 하고 와서 또 찾아뵐게요.♡ 그때까지 모두 건강하시고 잘 지내세요.♡♡ 정말로 감사하고 사랑합니다.♡♡♡

-평생 쌤들을 향해 감사와 사랑의 그린라이트 켜진 선해 올림♡

소영

좋은 선생님들하고 재미있는 분위기로 수업해서 너무 좋았어요!! 급식도 정말 맛있고 학생들을 이해 많이 해주셔서 공부해야 한다는 강압적인 느낌보다 자유로운 분위기 덕분에 학교에 대한 거부감도 사라졌어요. 수업 열심히 가르쳐주셔서 정말 감사합니다!! 선생님들이 학생들이랑 친하게 지내고 노력해주셔서 정말 감사했어요.ㅎㅎ

송주

선생님들 수업 들을 때마다 재밌고 수업도 잘 가르쳐주시고 공부도 머릿속에 잘 들어오고 다닌 시간이 아깝지 않을 만큼 좋은 학교인 것 같아요. 합격했는데도 다시 다니고 싶을 정도로 너무 아쉬운 것 같아요! 그동안 감사했습니다!

수진

쌤~ 수업 열심히 가르쳐 주셔서 감사합니다. 자퇴를 했지만 또 다른 좋은 선생님을 만나서 너무 좋았어요! 진짜 검고칠 날 오지 않을 거 같았는데 시험까지 벌써 쳤네요. ㅋㅋㅋ 졸업식은 안 했지만 졸업했다는 게 너무 실감이 안 나요. ㅠㅠ 시험 치기 전에는 진짜 내가 이 시험을 칠 수 있을까, 합격할 수 있을까 했는데 한고비를 넘겼네요:) 이제까지 가르쳐 주느라 수고 많으셨습니다. 감사합니다. 졸업을 하고 대학을 가서 취업하는 날이 온다면 정말 제대로 인사드리고 싶네요! 이제까지 수고 많으셨습니다. 사랑해요. ❤

승한

처음 자퇴를 하고, 가족들한테 검정고시를 보겠다 하고 자신 있는 척 하루하루를 보냈어요. 그러다가 시험 날짜가 다가올수록 두렵더라고요. 막상 배운 건 없는데 우연히 친구한테 연락이 닿아서 자유학교를 알게 되었고 처음으로 등교하는 날 조금 불편했지만 친구들, 누나들, 선생님들 모두 다 좋은 분이셨고 배움의 재미를 다시 느꼈어요. 비록 3개월이었지만 배운 게 너무 많고 검정고시도 바로 합격해서 너무 기뻤어요. 자유학교 선생님들 너무 감사하고 존경합니다~!

시향

17살 여름 다니던 학교를 자퇴하고 방황하던 시기가 있었다. 앞으로의 계획을 물어보던 부모님과 주위 사람들에게 나도 모르니 묻지 말라는 말만 반복하던 어느 날 부모님의 거짓말에 속아 끌려간 자유학교는 자퇴를 하기 전 다니던 학교보다 더 싫었다. 첫 방문에 권사님과 만나 상담을 했고, 두 번째 방문에 교장 선생님을 만났다. 상담이 끝나고 교장 선생님께서는 "내일 보자"는 말씀과 함께 나를 배웅해주셨고, 집에 돌아가는 길 나는 저런 애들 다니는 학교 안 다닌다고 소리 지르고 고집 부렸지만, 의미가 없었고 다음 날부터 자유학교를 끌려가게 되었다.

정말 말 그대로 끌려가던 학교였다. 수업이 시작되는 시간에 맞춰 엄마는 나를 매일 데려다줬고, 학교 마치면 늘 학교 앞에서 기다리던 엄마 덕분에 나의 의지와 상관없이 성실하게 학교를 다니게 되었다. 처음에는 자유학교라는 공간에 내가 있다는 사실이 너무 싫어서 선생님들의 질문과, 말을 걸어오는 친구들에게도 대답을 해주지 않았다. 물론 수업에도 참여하기 싫어했고 밥도 먹지 않았다. 17살 나는 누군가에게 나의 마음을 말하고 표현하는 게 버겁고 힘들었다. 자퇴하면서 받은 상처들이 트라우마로 남아 자유학교 친구들도 똑같을 거라는 생각으로 색안경을 끼고 봤기에 학교가 너무 싫었다. 그런 나에게 단 한 번의 화도, 짜증도 내지 않고 괜찮다고 내가 마음이 열릴 때까지 기다리겠다는 선생님도 계셨고, 내가 밥 안 먹으면 본인도 안 드시겠다던 선생님도 계셨다. 또 본인 수업이 재미가 없냐고, 부족해서 미안하다는 선생님도 계셨다. 그렇게 나는 약 6개월 정도 학교에 적응하지 못했고, 가끔 내가 좋아하는 선생님이 있는 날에만 밥도 먹고 수업도 열심히 들었다. 여전히 적응하지 못하고 한 학기가 끝나갈 무렵 그때 나를 가르치던 선생님 중 한 분이 그랬다. "우리가 10걸음 중 9걸음 가줄 수 있는데 시향이 네가 용기 내서 한 걸음만 와 줄 수 있겠냐"고, 다음 학기에는 "선생님들한테 와준 것처럼 친구들한테도 한 걸음만 용기 내서 가보자고, 친구들이 기다리고 있다"고 나를 안아주며 말씀해주셨다. 그 이후로 짧고 긴 겨울방학이 지나고 개학이 다가왔다. 솔직히 말하면 개학을 하고도 난 여전히 가기 싫어했지만, 방학 동안에도 선생님들은 끊임없는 연락을 해오셨기에 눈치가 보여 학교에 갔다. 개학 후 찾아온 첫 저녁 시간에 같이 밥 먹으러 가자는 친구의 말에 흔쾌히 "응"이라고 대답을 했고 처음으로 친구들과 대화도 하고 밥도 먹었다. 그런 나의 모습에 선생님들은 오히려 나에게 고맙다고 계속 말씀해주셨다. 어쩌면 내가 당연히 해야 하는 행동들인데 대단한 일을 해낸 것처럼 칭찬과 사랑을 아낌없이 주셨다.

그렇게 시작된 나의 두 번째 학기는 지난 학기와 다르게 새로운 학교생활을 할 수 있었고, 방황만 하던 나는 선생님들을 보고 꿈을 키웠다. 나도 누군가에게 세상은 아직 따뜻하다는 걸 알려주는 사람이 되어야겠다고 다짐했다. 공부를 하고 싶다는 내 말에 나보다 더 열정적이셨던 선생님들 덕분에 나는 무사히 검정고시도, 대입도 끝낼 수 있었다. 내가 만약 선생님들의 입장에서 나 같은 학생을 만났다면 꿀밤이라도 때렸을 것이다. (그때의 선생님들 미안합니다...)
그 시절 자유학교에서 만난 친구들은 지금까지도 아주 단단하게 서로 위로가 되는 존재로 지내고 있다. 학교를 그만두면서 받았던 상처들은 선생님들의 꾸준한 위로와 사랑으로 지금은 아무렇지 않은 일이 되었고, 오히려 다양한 시선에서 사람들을 이해하고 사랑하는 방법을 배웠다.

17살 그때 저에게 자유학교가 없었다면 그리고 그 당시 저에게 엄청나게 시달리셨던 선생님들이 안 계셨다면 지금의 저는 없을 거예요. 세상이 무서워 숨기만 하던 꼬맹이는 한발 한발 세상을 향해 걸어가는 방법을 배웠고, 자존감이 낮았던 저에게 너는 누구보다 존귀한 존재라고 말해주셨던 선생님이 계셨기에 지금의 제가 존재하는 거라고 생각해요.

지금 생각해보면 저는 선생님들처럼 '누군가를 진심으로 이해하고 온전히 사랑으로 품을 수 있을까?'라는 생각을 하게 되네요... 저의 10대에 자유학교는 조금 특별한 학교였는데 지금 저의 삶에서는 든든한 버팀목 같은 존재예요. 언제든 찾아가 따뜻함 한가득 느끼고 오는 곳, 저에게 자유학교는 그저 따뜻함인 거 같아요.

자유학교의 인연이 지금까지 이어져 아직도 저는 선생님들 통해서 가끔 위로를 받고 있어요. 그때 저를 가르쳐주셨던 모든 선생님들, 저의 10대에 함께 해주셔서 정말 진심으로 감사하고 존경해요! 감히 감사합니다. 라는 말로 다 표현할 수 없지만, 그 덕분에 저는 늘 베푸는 사람으로 성장해야겠다고 다짐하게 되는 것 같아요. 말처럼 쉽지 않지만... 저에게 자유학교는 앞으로의 제가 바르게 성장해야 하는 이유가 되기도 하는 것 같아요. 잘 살아가다 우연히 또 만날 수 있기를 기대하는 마음으로 늘 기억하겠습니다.

온주

또래 친구들이랑 조금 다른 길을 선택해서인지 앞이 막막하고 내가 잘할 수 있을까 걱정도 많이 했지만 그럴 때마다 선생님들이 해주신 응원들이 저에겐 엄청 큰 힘이 됐고 그 덕분에 지금까지 포기하지 않고 검정고시도 합격한 것 같아요. 무엇보다 아낌없이 가르쳐 주시고 차별 없이 모두에게 사랑을 주신 선생님들을 보고 진정한 선생님이 무엇인지도 깨달았어요. 이제 졸업을 앞두고 지난 1년을 되돌아보니 자유학교에 와서 선생님들을 만난 게 제 인생의 가장 큰 선물이었던 것 같아요. 감사하다는 말이 너무 부족하게 느껴지네요.ㅠㅠ 선생님들 모두 모두 사랑해요!

은

거의 1년 동안 자유학교에서 시간을 보낼 수 있어서 정말 좋았어요! 특히 검정고시 준비를 하는 데 많은 어려움이 있었는데 선생님들이 귀한 시간을 내주셔서 가르쳐 주신 덕분에 결과도 좋았어요! 벌써 졸업하게 되어 아쉬운 것도 있지만 사회에 좀 더 빨리 나오고 많은 일들을 경험할 수 있어서 좋기도 해요. 앞으로 더 경험하며 진짜 내가 하고 싶은 게 뭔지 나한테 맞는 게 뭔지 찾아 가려구요!!

은주

다른 학생들보다도 좀더 자유학교를 오래 다닌 거 같은데, 그래서 선생님들과 더 친해진 것 같고 가끔 자유학교 생각도 나고 그러네요. 자유학교에 자주는 안 되더라도 가끔 들리고도 싶지만 학원 시간이랑 좀 겹쳐서 그러질 못했네요. 조만간 한번 밥 먹으러 갈게요. 그리고 졸업할 수 있게 수업해 주시고 응원해 주신 선생님들 정말 감사합니다. 덕분에 학교 다니는 친구들보다도 먼저 졸업했네요. 자유학교 다닐 때 제가 지각도 많이 하고 그래서 걱정하셨을 텐데 그래도 잘 가르쳐 주셔서 높은 점수로 합격한 거 같아요. 진짜 진심으로 감사드리고 나중에 시간 널널할 때 학교에 요리 한번 하러 갈게욥.

정현

저는 자퇴를 하고 평소처럼 아무 생각 없이 하루 종일 놀기만 했습니다. 저 혼자 스스로 검정고시를 통과할 수 있을 거란 자부심이 있었어요. 어느 날 부모님이 학교를 알게 되시고 가라고 가라고 매일 다투다 부모님께 죄송한 마음이 먼저인 채로 학교를 왔습니다. 처음에는 적응하기도 힘들었지만, 시간이 지날수록 편해지며 마음도 열리고 이제는 죄송해서 온 마음보다 내가 좋아서 다닌다는 마음으로, 또 혼자서 시험을 통과할 수 있을 거란 자부심은 없어졌습니다. 그래서 반성하며 공부를 어떻게 시험 전까지 열심히는 했다고 할 수 없지만 선생님들 열정을 깨달으며 힘입어서 배웠습니다. 일반 학교에서는 할 수 없던 저의 열정이 자유학교에서 열린 거 같습니다. 또 선생님들과 공부만 한 것도 아닙니다. 좋은 추억도 쌓고, 놀이공원도 가고 8월 시험이 끝나서 계곡도 놀러 갔어요. 정말 매 순간이 즐거웠습니다. 선생님들 감사합니다. 언젠가는 은혜 갚는 학이 될게요.

지선

일단 저는 학교를 그만두고 길거리를 방황하던 앞길이 어두운 아이였습니다. 근데 자유학교를 만나게 되었죠. 그리고 자유학교가 저의 인생에 작은 촛불이 되어줬습니다. 이제는 뭐해야 할지도 딱 정해졌고 그걸 도와주는 자유학교가 전 너무 좋습니다.

지현

지금으로부터 10년 전 일이다. 고등학교의 답답함을 이기지 못하고 자퇴라는 선택을 하고서 소속감이라는 것 없이 안정감 없는 하루하루를 보내다 어쩌다 알게 된 자유학교였다.

검정고시라는 시험을 합격해야 한다는 막막함과 부담을 느껴가고 있을 때 다니기 시작했던, 처음 보았던 자유학교라는 곳은 신기하고도 어색한 공간이었다. 얼핏 다른 어른이나 친구들이 보기에는 문제가 많아 보이는 우리들의 모습만 보였을지 모르지만, 자세히 가까이서 들여다 보면 우린 각자의 사정이 있었고 꿈도 있었다.

내가 느낀 자유학교는 어느 학교보다 학생들의 행복감과 자유는, 비교할 수 없을 만큼 채워지는 학교다. 지금의 시선에서는 어떨지는 모르겠지만 10년 전 혹은 그전부터 학교를 다니지 않는 청소년들의 모습을 보는 시선은 딱히 좋은 시선은 아니었다. 나의 부모님조차 학교를 다니지 않는 아들을 좋게 생각하지 않았다. 자유학교는 사회에서 좋지 않은 시선을 받는 우리를 따뜻하게 안아주는 그런 공간이었다. 무조건적인 공부를 강요하지 않았고 같이 어울릴 수 있는 공간을 주었고, 어느 자리에 있던 불편함을 느꼈던 우리들의 편안한 공간이었다. 심지어 늘 우리를 위한 따뜻한 밥을 지어주셨고, 밥을 지어주시는 봉사를 위해 오시는 분들도 늘 우리를 보며 웃어주시고 편안하게 밥을 먹게 해주셨다.
또, 우리를 관리해 주고 가르쳐 주셨던 선생님들조차 한동대학교의 학생이었고, 그분들도 학교생활을 하면서 힘들었을 텐데, 학교 강의가 끝난 시간 쉬지 않고 자유학교로 와서 우리를 맞아주었고 그분들도 늘 웃으며 우리와 시간을 보내주었다. 지금의 내가 생각을 해보면 그게 절대 적으로 쉽지 않은 일이라고 느껴진다. 나에게 할 수 있겠냐고 물어본다면 자유학교 덕분에 검정고시를 합격하고 대학을 다녔지만, 쉽사리 할 수 있다고는 못 할 것 같다. 자유학교라는 것을 만들어 주신 교장 선생님도 대단하시지만, 그곳을 함께 채워주신 선생님들(한동대학교 학생분들), 밥을 해주신 봉사자분들 모두가 좋은 뜻으로 우리를 도와주셨고 사랑해 주셨던 마음이 대단하고 존경스럽다.

의 자유학교는 두서없이 쓴 위의 글에 나와 있는 것에서 보이듯, 나에겐 따뜻했고 존경스러운 곳이다. 자퇴를 선택한 나도 처음 내가 아닌 다른 자퇴한 친구들을 보는 시선을 바뀌게 만들어 주었던 시간이었고, 사회에서 좋은 시선을 받지 못한 우리를 더 좋은 시선으로 바라볼 수 있게 만들어 주었던 곳이다. 또 시간이 지날수록 자유학교가 대단하게 느껴졌고 늘 항상 감사하게 생각한다. 이 글을 통해서 자유학교 관련 모든 분들께, 비행 청소년, 자퇴생이라는 단어 속에 존재했고 다른 사람인 것처럼 만들었던 사회에서, 모두가 똑같은 사람이라는 것을 알게 해주고 저 단어로써 불리지 않게 해주셔서 고맙습니다. 저도 언젠가 자유학교를 위해서 작은 일이라도 할 수 있는 자유학교 졸업생이 되겠습니다. 항상 감사한 마음 잊지 않고 살아갈게요. '자유학교' 잊지 않겠습니다. 감사합니다.

태원

고등학교를 자퇴한 뒤에 어떻게 공부를 해야 하나 몰랐는데 수련관을 통하여 자유학교를 알게 되었습니다. 처음에는 학교를 나왔는데 또 학교를 가야 하나 싶은 마음으로 약간 짜증을 내면서 다니기도 했지만 다니다 보니 학교가 아니고 학원 같은 마음에 편하게 다닌 거 같습니다. 자유학교 선생님들도 학생의 신분으로 학생을 가르치겠다고 오셔서 고맙고 감사드립니다. 선생님들이 다 잘 가르쳐주셔서 검정고시에 합격하고 대학교까지 합격하게 되었습니다. 교장 선생님, 한동대학교 선생님들 모두 다 감사드립니다.

현수

안녕하세요, 올해 자유학교 졸업생 현수입니다. 저는 자유학교를 8개월 동안 다녔는데 8개월 동안의 기억이 대부분 생생해요. 다른 학교들처럼 기대에 못 미칠 것이라고 생각했는데 대안학교인데 선생님들도 친절하시고 밥 먹을 때도 먼저 말 걸어 주시는 것을 보고 기대했던 것보다 훨씬 좋다는 생각을 여러 번 했던 거 같아요. 그리고 제일 행복했던 것은 기타 배우고 연주회 때 노력한 만큼의 결과가 나왔을 때였어요. 저도 나중에 성공하면 자퇴한 사람들을 돕는 일을 한번 해보고 싶네요. 학교 교장 선생님과 다른 모든 선생님들께 너무 감사합니다.

혜인

안녕하세요. 올해 자유학교 졸업생 혜인입니다. 제가 자유학교에 온 지도 벌써 1년 6개월이 되었어요. 저는 아직도 자유학교에 처음 온 날이 기억이 나요. 처음 자유학교 온 날은 참 어색하고 힘들었던 것 같아요. 처음 보는 교실, 처음 보는 사람들, 처음 오자마자 실력테스트를 하는데 너무 긴장했던 것 같아요. 자유학교에서 처음 밥 먹을 때도 혼자 먹을 줄 알았는데 먼저 다가와 주셔서 너무 감사했던 기억이 나요. 밥 먹을 때 몇 살이냐고 물으셨을 때 중1이라고 대답하니까 모두들 깜짝 놀랐던 기억도 생생합니다. 선생님들이 매일 다르셔서 일주일 동안 나이랑 이름 말한 것도 기억이 나요.

처음 봤던 자유학교는 낯설고 익숙하지도 않아서 계속 익숙하지 않을 것 같았는데, 어느새 너무나 익숙해져 버린 자유학교의 교실들, 선생님들. 혼자 친구도 많이 사귀지 못할 것 같아서 금방 자유학교를 떠날 것 같았는데 벌써 중3이 되어서 떠나게 되었네요. 이제 자유학교는 저에게 너무 고맙고 큰 존재인 것 같아요. 항상 힘들 때마다 이야기 들어주시고 저의 미래에 대하여 상담해주시고 같이 고민해주신 담임쌤들과 보직쌤들 그리고 많은 선생님들께 너무 감사합니다. 힘들 때 선생님들 덕분에 위로가 많이 되었던 것 같아요. 그래서 항상 기분이 안 좋은 일이 있더라도 자유학교에만 가면 기분이 좋아지고 힘들었던 일들을 잠시나마 자유학교에서 떨쳐버릴 수 있었던 것 같아요.
지금은 자유학교에 다닐 수 있게 되었던 게 너무 감사한 것 같아요. 제가 너무 급하게 쓰는 바람에 잘 쓰지는 못했지만 제 인생에 선생님들은 정말 고마우신 분들이시고 앞으로도 계속 기억할 것 같아요. 힘드실 텐데 시험 기간마다 열심히 숙제지 만들어서 주신 선생님들께 제가 너무 열심히 못한 것 같아서 죄송하고 미안한 마음이에요. 다른 선생님들께도 제가 열심히 못해서 죄송합니다.... 시험 기간마다 열심히 해주시는 모습 덕분에 선생님들께서 정말 진심으로 우리를 위해주신다는 걸 매번 알게 되어서 그때마다 너무 감사하고 너무 죄송했어요.
선생님들을 보면서 저도 열심히 공부해서 다른 사람을 도와주는 사람이 되어야겠다는 생각이 많이 들었어요. 항상 저희를 먼저 생각해주시고 위해주셔서 감사합니다. 연주회 때도 팻말 만들어주시고 플래시 켜서 응원해 주실 때 솔직히 감동 먹어서 눈물 날 뻔했어요. 그리고 소풍 때도 힘드실 텐데 열심히 같이 놀아주셔서 감사합니다. 자유학교 운동회 때도 진짜 너무 재미있어서 아직도 기억에 남아요. MT 때 바다에서 경찬 쌤이 빠뜨려서 물 엄청 먹은 것도 생각나고 진실게임 한 것도 아직도 생각이 많이 나요. 정말 많은 추억들 많이 만들어주셔서 감사합니다.
자유학교 밥도 우리 엄마가 만들어주신 밥보다 훨씬 맛있어서 집에서 먹는 것보다 많이 먹었던 것 같아요. 자유학교 선생님들 너무너무 감사하고 지금은 없으신 선생님들도 너무 감사합니다. 선생님들은 제 인생에서 가장 큰 역할들을 해주셨어요. 부족하지만 잘 돌봐주시고 항상 귀엽게 봐주시고 막내라고 챙겨주셔서 감사합니다. 더 적고 싶기도 한데 너무 길어질 것 같아서... 항상 감사하고 고마운 자유학교 선생님들과 교장, 교감 선생님 감사합니다.

2장.

우리 자유학교

자유학교 20년

문 닫지 못한 학교

1. 일어난 일들

1) 1977년

21세이던 그해, 나는 대학 2학년생이었다. 2학기가 막 시작된 어느 날, 같은 과 4학년 정병윤 선배가 찾아왔다. 그는 대학 2학년 때 정식 소설가로 등단한 23세의 기성 소설가였다.

그가 말했다.

“김윤규 씨, 복음학교 선생님이 되어야겠어요.”

그때 우리 과에서는 선후배 사이에 반말을 하지 않았다. 선배도 후배에게 반드시 ‘씨’를 붙여 높임말을 했고, 동기 사이에도 남녀 간에는 내외를 하고 높임말을 했었다.

“복음학교가 뭡니까?”

그는, 가난하여 중학교에 가지 못한 사람들을 위해 일하는 야간학교라는 것을 설명하였고 지금 자기 후임을 찾고 있는데, 교수님께 의논하여 나로 정했다고 통보하였다.

복음고등공민학교는 고 봉운 김태한 선생님이 대학생이던 1948년에 학우들과 함께 세워서 그때까지 교장으로 운영하는 중이었다. 해방 직후의 극빈 속에서 배움의 기회를 잃은 사람들에게 복음학교는 한 줄기 햇빛 같은 희망이었다. 나는 개교로부터 30년이 되던 해에 그 끝자리에 끼어들었다. 그때부터 3년간 나는 대학생 교사였고, 그 학교의 서무과장과 교무과장의 책임을 맡기도 했다.

요약하자면, 복음학교는 나의 인생을 바꾸는 힘을 가지고 있었다. 당시 나는 겉 멋들고 거칠고 교만하고 줄거리 없는 좌경 학생이었는데 복음학교 활동으로 좀 더 구체적이고 실천적인 현실의식을 가지게 되었다. 나는 본능적인 반기독교 경향을 가지고 있었는데 거기서 기독교에 친근해지고, 마침내 기독교인이 되었고 기독교인인 아내도 거기서 만났다.

그때 나는 김태한 교장 선생님을 보면서 나도 저런 분처럼 되면 좋겠다고 생각했다. 그러나 당시 나는 중학생 과외로 간신히 학비와 방세를 맞추고 있는 가난한 고학생일 뿐이었고, 그분은 교수에 장로에 교장이라는 너무 높은 곳에 있었다. 내가 그렇게 되고 싶다는 것은, 그저 입밖에도 내지 못한 어느 시골 소년의 순진한 소망일 뿐이었다.

2) 2000년

어찌 어찌하여 나는 박사학위를 받았고, 39세 되던 1995년에 한동대학교 창립 교수로 부임했다.

한동대학교는 당시 전국을 들썩이게 한 주목받는 학교였다. 개교 당시에 특별한 교육과정과 입시정책으로 우수한 학생들을 모집했고, 이후에도 많은 실적으로 뉴스를 생산하는 남다른 대학이었다. 서울에서 아주 먼 지방에 있고, 규모가 작고 신설인데 재단이 약한 대학이라는 것은, 우리나라 대학으로는 대단히 불리한 조건이었다. 그러고도 좋은 학생을 받아 좋은 교육을 하겠다는 욕심을 내었으므로 설립 당시에 부임한 교수들은 엄청나게 많은 일을 해내야 했다. 보직을 맡은 교수들은 물론이고, 권력과 사이가 좋지 않았던 나조차도 한꺼번에 학부장을 두 개나 해야 할 정도로 정신없이 바빴다.

게다가 막 40대에 들어선 당시는 한창 공부가 진전되고 성과를 내야 할 나이였다. 나는 한국현대문학을 연구하여 석박사학위를 받았는데, 한동대학교에서는 한문과 한국문학을 강의할 임무를 가지고 있었다. 연구자로서 연구하고 논문을 쓸 일과 강의자로서 좋은 강의자료를 개발하여 강의에 적용할 일도 무겁고 바쁜 일이었다. 그러느라고 소외된 청소년을 돌보고 싶다는 옛날의 소망은 거의 잊고 살았다. 마침 나라가 잘살게 되면서, 가난하여 학교에 못 가는 사람도 거의 없었다.

그러다가 포항 시내에 가끔 나가면 곳곳에 이른바 불량 청소년들이 돌아다니는 것을 볼 수 있었다. 문득 그들이 궁금해졌다. 저 아이들은 학교에 다닐까? 그중에 어떤 아이에게는 직접 물어보았다. 학생이라고만 하면 그래도 다행이었다. 가끔은 학교에 다니지 않는다는 청소년도 있었다. 이제 가난하여 학교에 못 가는 나라는 아닌데, 왜 학교에 가지 않는 것일까. 학교에 가지 않으면 그들의 장래는 어떻게 되는 것일까.

당시 포항의 중고등학교에는 수많은 선후배 선생님들이 근무하고 있었다. 그분들과 개인적으로 이런 문제를 이야기하곤 했는데, 그 선생님들도 마음은 무거운데 대책은 없어서 괴로워하고 있었다. 여러 번 이야기를 나누다가 1999년부터 2000년에, 이런 문제에 공감하는 사람들끼리 대책을 연구하는 모임을 만들기까지 진행이 되었다.
대학 선후배 김두명, 이권주, 이기호, 김용국, 이영률, 이호준, 황병숙 선생님 등은 현직 교사였고, 개인적으로 알고 지내던 이상은 목사님, 권영준 변호사님, 하종곤 의사 선생님 등은 전문가로서 참여하였다. 이상은 목사님의 푸른마을교회는 포항여자고등학교 앞에 있었는데, 매월 날짜를 정해서 거기서 모임을 가지고 문제를 토론하였다.

가장 먼저 진행한 것은 학업중단 청소년의 현황을 아는 것이었다. 이권주 선생님이 포항교육청 학생지도위원회에 속해 있었는데, 퇴학생의 현황을 파악하는 데 큰 도움이 되었다. 당시 전국에서 한 해에 퇴학한 사람의 수가 3만 명, 포항만도 450명이라는 것을 알고 회원 모두가 경악했었다. 그 속에는 검정고시를 치거나, 대안학교로 옮기거나 외국으로 전학하는 사람도 퇴학으로 잡혀 있었는데, 그런 사람을 제외하고도 수백 명이 학업을 중단하고 있었다.
그들이 학업을 중단하는 이유도 최대한 조사할 수 있었다. 부모의 불화와 자녀 학대, 가정 해체로 인한 방치, 학업 부진과 의욕 상실, 따돌림 가해 또는 피해, 질병으로 인한 휴학 또는 퇴학 등의 이유가 있었고, 청소년들은 이런 괴로움에 대해, 결석과 가출이나 비행이나 범법으로 대응하고 있었다.

이렇게 많은 수의 청소년들이 학업을 중단하고 있는데도, 2000년 당시 우리 사회가 그들에 대해 가지고 있는 관심은 너무 부족하였다. 더 정확하게는 그들을 담당하는 정부 부서조차 확실하지 않았다. 학교를 관할하는 교육부는 그들이 퇴학하는 순간 완전히 손을 떼었고, 행정안전부나 법무부는 범죄를 해야 관심을 가졌다. 여성가족부도 사실상 여성과 가족에게만 관심이 있었고 학업중단 청소년에게는 큰 관심이 없었다. 선진국이 되어가는 대한민국에서 이렇게 많은 청소년이 외면당하고 낭비되고 있다는 것은 믿기지 않는 일이었다.

대안학교에 대해서도 연구했다. 당시에 이미 대안학교 운동이 시작되어 있었다. 몇몇 선구적인 대안학교들은 자유로운 교육과정이나 부적응학생을 위한 합숙학교 등으로 시선을 모으고 있었다. 그러나 그런 학교들 역시 일종의 제도를 형성하고 있었고, 대부분의 학교는 정규학교보다 훨씬 비싼 비용부담을 요구하고 있었다. 운영상의 필요로 인한 것이기는 했지만, 사회적 소외로 인한 부적응학생으로서는 접근할 수 없는 벽이었다. 그 때문에 당시 도심 속 작은학교 운동이 일어나고 있기도 했다. 이들은 다른 대안학교보다 작고 유동적인 조직과 교육과정을 가지고, 열성적인 봉사자들에 의해 운영되고 있기도 했다. 그러나 이들은 대부분 수도권의 인구집중 도시에서 높은 수준의 지식인 봉사자들에 의해 시도되고 있었다. 우리가 관심을 가지고 연구한 것은 도심 속 작은학교 운동이었는데 이것이 지방 도시에서도 가능할까 하는 것이 과제였다.

세심한 검토를 거치고 우리가 해낼 수 있는 형태의 일에 접근하는 것이 우리의 과제였다. 오랜 토론과 예측을 통해 도출한 것이 현재의 청소년 자유학교 형태였다. 우선 우리의 태도를 정리했다.

당시에 문장으로 확정한 것은 아니었지만, 처음부터 대체로 다음과 같은 태도를 공유하였고, 나중에는 대학생 선생님들을 교육하는 항목이 되었다.

1. 모든 청소년은 존중받아야 한다. 누구도 청소년을 무시하거나 모욕할 수 없다.
2. 우리가 낭비할 수 있는 청소년은 없다. 청소년이 우리의 미래를 결정할 것이다.
3. 청소년에 대한 교육은 포기할 수 없다. 최소한의 가능성도 끝까지 계발되어야 한다.
4. 좌절된 청소년이 있는 사회는 어떤 경우에도 복된 사회가 아니다.

개교를 위한 원칙도 정했는데 요약하면 다음과 같았다.

1. 청소년 자유학교는 중등부와 고등부를 운영한다.
2. 교육과정은 검정고시 과목을 기본으로 하고, 대안 교육과정 개발한다.
3. 학생 한 명만 있으면 개교한다. 한 명도 없으면 폐교한다.
4. 학생은 학비를 전혀 내지 않는다. 교사는 보수를 전혀 받지 않는다.
5. 이 학교는 미션스쿨이 아니다.

실무적인 원칙도 정했다.

1. 학교는 월화수목금 오후 5시에 시작하고 10시에 마친다.
2. 김윤규 교장, 이상은 교감이 상근하고 다른 교감은 요일별로 한 명씩 교대로 근무한다.
3. 교사는 한동대학교 교수와 대학생 자원봉사자로 하되 교장이 모집한다
4. 학교의 위치는 등하교가 가능한 포항 시가지 내부로 한다.

3) 2001년

수많은 회의 끝에 개교는 2001년 3월 초로 정해졌다. 그전에 모든 것이 준비되어야 했다. 장소는 포항문화원에서 개교 하기로 했다. 당시에 내가 문화원 연구위원이었는데, 문화원의 협조를 받아 교실 하나를

저녁에 쓰기로 했다. 그러나 그 건물이 너무 낡았고(실제로 나중에 지진으로 부서져서 철거되었다.) 눈치가 보여서, 개교하자마자 다른 교실을 확보하려고 노력하였다. 동시에 인근에 있는 만화학원의 교실도 썼고 청소년수련원의 컴퓨터 교실을 쓰기도 했다.

홍보를 시작했다. 각 학교에 공문을 보내서 퇴학생을 위한 학교가 생긴다는 것을 알렸다. 마침 기회가 되어서 각 학교의 학생부장이 참석하는 회의에도 나가서 퇴학생에게 이런 대안이 있다는 것을 알려달라고 부탁도 했다. 퇴학생에 대해서는 개별적으로 전화를 하고 면담을 진행했다. 결국 450명 전원에게 전화를 했지만, 연결되지 않는 경우가 너무 많았고 연결되어도 대부분 관심을 보이지 않았다. 그보다는 퇴학한 학생들이 개별적으로 서로 연결되어 있는 경우가 더 많았는데, 당시에는 아직 그런 인간관계에 충분히 파고들지 못한 상태였다.

시청과 교육청에 공문을 보내고 담당자를 만나기도 했는데, 모두 반응

"중학 자퇴 청소년 모여라"

포항문화원에 '자유학교' 내달 문열어

중학교에서 자퇴한 청소년들이 다닐 수 있는 야학이 경북 포항에 생긴다. 한동대 김윤규 교수와 푸른마을교회 이상은(40) 목사 등이 세운 '청소년 자유학교'가 3월12일 포항시내 덕수동 포항문화원에서 문을 연다.

이 학교는 지역 중고교 현직 교사와 대학생 등 20여명의 교사진들이 참여해 오후 6시~오후 10시까지 수업을 한다. 수업기간은 2년. 검정고시에 대비하기 위해 기초단계의 중학교 과정을 수업하며 만화, 컴퓨터그래픽, 산업디자인, 연극 등 특기교육에 중점을 둘 계획이다.

포항시내에서는 1년에 평균 120여명의 남녀 학생들이 중학교를 다니다 중간에 학교를 그만두는 것으로 알려졌다.

청소년 자유학교는 28일까지 등록신청을 받고 있다. (054) 241-2534. 수업료는 무료.

포항/구대선 기자 sunnyk@hani.co.kr

중학교 중퇴자 '배움의 길' 활짝

포항문화원, '청소년 자유학교' 3월 개교

중학교를 중퇴한 학생들이 교육을 받을 수 있는 야학이 포항문화원에서 문을 연다.

현직 교수와 교사, 대학생을 중심으로 구성된 청소년 자유학교 발기인회(대표 김윤규, 한동대 교수)는 중학교 부적응 학생을 위한 청소년 자유학교를 설립한다고 발표하고 2년 과정의 야학을 오는 3월 12일 포항문화원에서 문을 연다고 밝혔다.

발기인 위원에는 이상은(목사), 권영준(변호사), 이권주(포항고 교사), 이기호(황도중 교사), 이영률(수산고 교사), 이호준(대흥중 교사), 황병숙(송라중 교사), 김두영(포항고 교사)씨 등을 내정됐다.

현직 교수와 교사 및 대학생의 무료봉사에 의해 운영될 이 학교는 정규 중학교 과정에 적응하지 못한 학생을 대상으로 기초 단계의 중학 교육과 취미, 적성 교육을 함께 실시한다.

교육과정은 중학교 7차 교육과정을 기본으로 학생들의 소질발견을 위해 만화, 컴퓨터그래픽, 산업디자인, 연극 등 특기 교육에 더 중점을 둘 계획이다.

김윤규 교수는 "포항에서 중학교를 중퇴한 학생이 4년간 총 450명에 달하는 등 사회적으로 관심이 필요한 때에 이같은 계획이 실행되게 돼 청소년들이 자신의 가치를 발견하고 사회의 중요한 구성원으로 성장할 수 있을 것으로 기대된다"고 말했다.

청소년 자유학교수강생은 오는 12일부터 28일까지 모집 하며 수업시간은 매일 오후 6시부터 10시까지.

문의: 016-292-4424(김윤규)

진용숙기자

ysjin@kyongbukilbo.co.kr

이 차가웠다. 심지어 포항시청의 사회복지과 담당 공무원 한 분은 전혀 안면이 없는 내게 전화해서, “교수님, 이거 왜 합니까? 안 하면 안 됩니까?”라고 직접 따지기도 했다. (그분 이름을 오랫동안 기억했는데, 지금 생각해보니 잊어버렸다.)

교사를 모집하는 일은 자신이 있었다. 한동대학교에는 대부분 기독교 정신을 바탕으로 한 봉사 인력이 많았는데, 그들을 효과적으로 조직하여 운영할 기관이 부족했다. 그런 면에서 자유학교는 처음부터 대학생들의 관심을 끌었다. 가까이 만난 학생들에게만 홍보했는데 40여 명의 봉사자들이 첫 학기에 나왔다. 필요하면 돕겠다는 사람을 포함하면 60명 가까운 교사인력이 모였다.

운영비는 큰 걱정을 하지 않았다. 사실은, 내가 이 일에 엄두를 낸 것도 엉뚱한 돈이 있었기 때문이었다. 1995년 한동대학교를 개교하면서 당시의 김영길 총장은 영어, 한문, 컴퓨터를 필수과목으로 지정했다. 그런데 한문 과목을 담당하는 교수가 나 하나뿐이었다. 처음에는 그 강의를 혼자 다 하고 있었다. 그러자 내게 의외의 수입이 생겼다. 한동대학교에 맞추어 성경의 한자와 한문을 포함하여 공부하는 책을 만들었는데, 그것을 전교생이 썼더니 저자에게 저작권료가 지급되었다. 처음에는 조금 나오나보다 했는데, 차차 커져서 한 해에 백만 원이 넘으니 부담이 되기 시작했다. 그것을 자유학교 설립과 운영에 썼다. 자유학교 초기에는 실제로 많은 돈이 들지도 않았다. 좋은 일을 한다고 내 친형님이 도와주시기도 하고, 이상은 목사님과 김좌근 목사님과 복음장학

재단의 도움으로 학교를 운영하다가 2004년부터 시청의 보조금을 받았는데, 그때 한동대학교에서 한문이 선택과목으로 전환되면서 저작권료가 딱 끊어졌다. 신기했다.

교육과정은 근본적으로 어려운 일이었다. 우리는 성적 하나로 줄 세우는 교육현장을 싫어하는 사람들로 구성된 학교였다. 그런데, 졸업장이 없는 청소년은 사회에서 인정하지 않았고, 자기 꿈을 키워나가는 데에도 졸업장이 가장 큰 장애가 되었다. 퇴학생은 오직 검정고시로만 졸업장을 얻을 수 있었는데, 검정고시 공부는 그 끔찍한 암기밖에는 방법이 없었다.
이 모순이 우리를 짓누르고 있었다. 우리 학교는 그들에게 가장 필요한 것이라고 생각하여 검정고시 과목을 기본으로 하고 약간의 자율과목을 편성하려고 했다. 그러나 선생님 중에서는 대안학교에서 검정고시 위주로 가르친다는 것에 문제를 느끼는 분들이 있었다. 긴 토론 끝에 지금과 같은 교육과정을 구성하게 됐지만, 여전히 검정고시에 압도된 교육과정이라는 자괴감은 있었다.

마침내 2001년 3월 12일 오후 6시, 포항문화원 2층 교실에서 청소년 자유학교를 개교했다. 포항문화원의 원장과 사무국장이 참석하여 축사를 하고, 내 평생의 동지인 아내와 김종하 목사님 내외분이 떡을 해오고, 우리 교감 선생님들과 학생 선생님들이 모인 가운데 학교가 개교했음을 초라하지만 공식적으로 알렸다.

학생들은 처음 4명이 왔는데, 학교 스스로도 성격이 분명하지 않았고 학생들도 불안정했다. 여학생이 두 명이었는데, 한 명은 며칠 뒤 상주의 다방으로 취직해 갔다가 포항으로 돌아왔다가 거제도의 다방으로 취직해 갔다. 다른 여학생 한 명은 거취를 알리지 않고 가버렸고, 남은 두 명의 남학생 중에서 하나는 자주 가출하고 학교에도 안 왔다. 학교에는 학생이 하나 혹은 둘 뿐이었고, 가끔은 교장, 교감에 선생님 몇 분이 나왔는데 학생이 전혀 없는 날도 있었다.

학교를 열면서 각 관공서와 학교와 언론사에 설명자료를 돌렸다. 그중에 관심을 갖는 것은 언론사였다. 유사한 뉴스가 없던 지역이라서인지 거의 모든 언론사에서 대담요청이 들어왔다. 나는 가능하면 모두 응했다. 했던 말을 또 하는 한이 있어도, 일단 단절 상태에 있는 청소년들에게 이런 기회가 있다는 것을 알리는 일이 중요했다. 신문에 글도 써 주고 방송에 대담도 했다.

CBS에서는 대담하던 아나운서가 말했다.
"교수님, 저는 국어국문학과를 나왔습니다. 저도 그 학교에서 국어교사를 하고 싶습니다."
그가 유상원이었다. 그때부터 그는 교사에서 교무부장으로, 교감으로, 교장 대리로 마침내 교장으로 지금까지 생고생을 하고 있다.

학원마당

제도권 교육 안맞는 학생 새로운 학습 환경 제공

학교부적응아나 학습부진아가 다니는 학교로 인식돼 왔던 대안학교에 대한 인식이 변화되고 있다.

대안학교가 독특한 교육목표로 새로운 커리큘럼을 제시하기 때문이다. 청소년 자유학교는 상처받은 아이들에게 희망과 꿈을 실어주는 곳이다.

즉 제도권 교육이 몸에 맞지 않은 아이들에게 새로운 옷을 입혀주는 역할을 하는 셈이다.

선생님들이 아이들과 함께 온종일 인생상담을 나누기도 하고 수업에 대한 불만도 얘기하고 축제 같은 수업분위기가 아이들의 마음을 열어준다. 학력은 일종의 통과의례일 뿐이다.

이 곳 학생들은 국·영·수 보다 중요한 희망을 배운다. 장기적으로 볼 때 어쩌면 획일화된 교육체제에서 자란 학생보다 이곳 학생들의 미래가 더 밝을 수 있다.

청소년 자유학교는 모든 포항시민들이 만들어 가는 곳이다. 벌써 두해째 학교를 도맡아 이끌어 온 이상은 목사님이나 권영준 변호사님, 십대들의 둥지, 한동대 학생들, 교사들 모두가 힘을 모아 미래의 기둥인 청소년을 위해 사랑을 실천하고 있다.

실제로 청소년 스스로가 이곳을 찾기에는 현실적으로 쉽지 않다. 따라서 퇴학생을 둔 부모나 친지들이 적극적으로 나서 대안교육을 권한다면 가정의 걱정거리였던 자녀들이 어느새 새 희망으로 변해있을 것이다.

김윤규(청소년자유학교 교장·한동대교수)

중학 중퇴자로 구성… '청소년 지

"비록 시작은 늦지만 더 훌

중학교 중도탈락자들을 정규학생으로 하는 '청소년 자유학교'가 13일 오후 6시30분 포항문화원(원장 이길생)에서 개교식을 겸한 입학식을 가졌다. <사진>

김윤규(한동대 교수)교장을 비롯한 교사 20여명과 입학생 7명, 학부모 등 40여명이 참석한 가운데 열린 이날 입학식에서 이길생 포항문화원장은 "시작은 비록 늦지만 더 훌륭한 사람이 될 수 있다"며 자신감을 가지라는 말로 환영사를 대신했다.

교장 1명과 4명의 교감, 상담지도 교사, 그리고 20여명의 교사로 구성된 이 학교는 기초부터 고급 과정까지 능력에 따라 공부할 수 있도록 각 과목별 교사 3명과 학생 3명의 3대3 팀제도를 도입, 오후 6시부터 밤 10시까지 대안학교 형태로 수업을 하게 된다.

수업 내용은 중학교 과정에 적응하지 못한 학생들에게 맞춘 프로그램으로 중학 기본과정과 만화, 연극, 컴퓨터그래픽, 산업디자인 등 다양하고 실속있는 교육에 중점을 두고 있으며 검정고시까지 책임지도를 목표로 하고 있다.

김윤규 교장은 "적성과 능력에 따라 공부할 수 있는 기회를 제공할 것이며 학생이 원하는 다른 취미가 있으면 계발할 수 … 라고 했다. … 의 현직교사 … 한 대안학교 … 학생 모집 … 의 (054)260-

"문제학생들 다모여라"

중학 중퇴생에 배움의 기회
만화·연극등 적성위주 수업

포항 '청소년 자유학교'

중학교 중퇴생들에게 배움의 기회를 다시 주기 위한 「청소년 자유학교」가 다음달 포항에 문을 연다.

설립의 주축은 한동대 김윤규(45·국문학·사진)교수를 비롯한 목사, 변호사, 포항시내 중·고교 교사 6명 등. 이달말까지 중학교 중퇴자(83년 이후 출생자)를 우선적으로 모집, 다음달 12일 개교할 예정이며 수업은 포항문화원에 마련된 교실에서 매일 오후 6시부터 10시까지 진행된다.

자유학교는 중학교 과정에 적응못한 학생들의 소질과 적성을 기르는데 중점을 두고 운영하기 때문에 영어, 수학 등 지식교과 과목은 선택으로 하는 대신 컴퓨터 그래픽, 연극, 산업디자인, 만화 등 다양한 특기적성 과목을 개설한다. 특히 만화, 연극은 인근 만화학원과 연극단체 소극장에서 현장감 있는 수업도 곁들여진다.

수업료는 전기, 수도료 등 최소한만 받을 계획. 참여교사는 현직교수와 교사, 자원봉사 대학생들이며 입학자에 대한 수업연한은 2년이지만 능력별 반운영을 하므로 얼마든지 단축될 수 있다.

김윤규교수는 『학교생활에 적응을 못해 학교를 중퇴하고 불량 청소년으로 변모하는 학생들에게 긍정적인 삶의 길을 찾아주는 것이 시급하다는 생각에 자유학교 설립을 추진하게 됐다』고 설명했다.

한편 지난 4년간 중학교를 중도에 그만둔 학생은 포항지역만 450명이며 해마다 120명씩 중퇴자가 발생하고 있다. 문의: 김윤규 교수 016-292-4424, 이상은 목사 011-530-0191

그 뒤에도 심심찮게 언론이 관심을 가졌다. 나는 매번 대담원고에 말을 끼워 넣어서, 학업을 중단하고 답답한 생활을 하는 청소년들에게 자유학교를 만나보라는 말을 하곤 했다. 특히 부모님과 가족에게, 학업중단 청소년은 가정적으로 안고 있을 문제가 아니라 우리 모두 도와야 그 보람을 공유할 수 있다고 강조하곤 했다. 그리고 이런 언론활동은 약간의 성과도 있었다.

이렇게 자유학교는 출발했다.

중·고교 중퇴생 대상 특기 적성교육 실시

포항청소년자유학교

포항 청소년 자유학교는 지역 중·고등학교를 중퇴한 지역 청소년(만 22세까지)들을 대상으로 검정고시 준비과정을 비롯한 특기적성을 교육을 실시한다.

자유학교는 오는 10일 오후 6시 포항시 북구 대흥동 영남병원옆 꿈나무화방 2층에서 개강하며 강의내용은 검정고시 준비과정과 만화, 컴퓨터, 디자인, 연극, 댄스, 풍물 등 다양한 특기적성교과들로 짜여져 있다.

자유학교는 여러가지 사정으로 학교교육의 기회를 놓쳐버린 청소년들을 위해 설립됐으며 중·고교육과정을 각자의 수준에 맞게 배울 수 있다. 자세한 내용은 260-1323으로 문의하면 된다. 정철화기자

jch@kyongbuk.co.kr

'청소년 자유학교'를 아시나요

중·고 중퇴생 위한 '열린' 야학공간

교수·변호사 등 3년째 무보수 지도

【포항】 교수, 변호사, 목사, 대학생들이 3년째 중·고등학교 중퇴생들을 위해 열린 학교인 '청소년 자유학교'를 열어오고 있어 지역 교육계의 주목을 받고 있다.

포항시 북구 대흥동 꿈나무화방 2층의 25평 사무실을 임대해 2001년 3월 문을 연 청소년 자유학교는 학교교육의 기회를 놓쳐버린 지역의 청소년을 위해 설립된 야학공간이다.

한동대 김윤규 교수(47·국문학)를 비롯해 권영준 변호사, 이상은 목사, 이호준(경북과학고)·이권주(경주여고)·황병숙(송라중)·이기호 교사(울진중), 한동대 재학생 25명 등 총 32명이 학교운영 주체들이다.

학교운영 주체들의 선출로 정해지는 교장에는 신분이 자유로운 김 교수가 3년째 역임하고 있으며, 권 변호사를 비롯한 지역의 교사와 목사들이 교감을, 한동대 재학생들이 무보수 교사를 맡고 있다.

청소년 자유학교에서는 중·고등학교 교육과정을 자신의 수준에 맞게 배울 수 있으며 검정고시도 준비할 수 있을 뿐 아니라 만화, 컴퓨터, 디자인, 연극, 댄스, 풍물 등 다양한 특기·적성 교육도 함께 받을 수 있다.

수업은 월~금요일 오후 6시부터 9시30분까지 3시간여 동안 진행되는데, 학생수 7명보다 교사들이 더 많아 학생 1명당 교사 6명이 학생들의 능력별 수준에 따라 지도하고 있다.

청소년 자유학교가 개교하게 된 것은 지역에서 변호사로 일하고 있는 권영준씨가 법정에서 불량 청소년들 문제를 다루다 사태의 심각성을 깨닫고 평소 알고 지내던 김 교수와 이 문제를 논의한 것이 계기가 됐다.

김 교수가 자유학교 설립의 뜻을 현직 교사들과 교인 등 주변에 내비치자, 이들이 학교운영을 적극 돕겠다며 자청하면서 청소년 자유학교가 뿌리내리게 됐다.

김 교수는 "1997년부터 2000년까지 지역 중학교 중퇴생 수를 파악한 결과 450명, 고등학교까지 포함할 경우 700명 정도 되는 것으로 추정됐는데도 불구하고 지역 사회가 이들에게 무관심했다"며 "이들에게 사회에 적응할 수 있는 기회를 한번 더 주기 위해 학교를 설립하게 됐다"고 말했다.

학교 운영자들은 학생들이 검정고시에 합격하고, 수업에 재미를 붙일 때 보람과 긍지를 갖는 반면, 학생들이 사회의 유혹을 뿌리치지 못하고 학교에 나오지 않을 때 안타까움을 느끼지만 이들을 포기하지 않고 언젠가 돌아오기를 기다린다.

김윤규 교수는 "현재도 중퇴생들의 숫자가 많은데도 불구하고 학교에 나오는 학생수는 극소수에 불과하다"며 "중퇴생들이 있을 경우 자유학교로 나올 수 있도록 유도하는 것이 학교발전과 지역사회를 발전시키는 원동력이 될 것"이라고 지역민들의 관심을 촉구했다. (054)260-1323

/마창성기자 mcs12@yeongnam.com

7일 오후 청소년 자유학교에 출석한 학생들이 진지한 표정으로 수업에 임하고 있다.

4) 떠도는 학교

2002년은 내 첫 안식년이었는데, 나는 그해 미국의 주립대학에 교환교수로 가기로 했다. 이를 위해 그해는 이상은 목사님이 교장을 맡으시기로 했다. 그전부터 목사님과 학교 장소를 구하기 위해 찾고 있었는데, 2002년부터는 포항시가지 한가운데 대흥동에 있는 어느 건물의 2층 방 하나를 빌리기로 했다. 그 건물은 중앙로의 옛 MBC방송국이 있던 곳이었는데, 그때쯤에는 그 일대에서 가장 낡은 건물이었다. (실제로 우리가 이사 나온 다음에 헐려서 주차장이 되었다.) 이 목사님은 그 건물에서 수고스럽게 한 해 동안 교장을 맡아주셨다.

2003년에 다시 교장에 복귀하고 운영해보니 정말 낡은 건물이었다. 무엇보다 화장실이 너무 낡아서 여학생과 여선생님들은 화장실을 쓰지 못했다. 그래도 힘이 부족하여 거기서 방 한 칸을 더 빌려서 4년을 버텼다. 2004년에는 삼일문화대상을 받았고, 2005년에는 sbs-tbc방송과 라디오 뮤지컬을 만들어 박원달 PD님이 수많은 상을 받기도 했다. 우리 학생들과 선생님들이 직접 노래하는 뮤지컬이 방송된 것은 참 감동적이었다.

2006년에 유상원 선생님이 중요한 정보를 알려 주었다. 동빈동에 있는 포항 YMCA가 육거리에 건물을 사서 나간다는 것이었다. 곧 알아보니, 그들이 쓰던 건물은 원래 화교소학교 건물인데 2층 단독건물에 교실 5칸이고 작지만, 운동장용 마당도 있는 건물인데, 당시 자유학교가 쓰던 2층 셋방보다 월세가 쌌다. 입을 다물지 못하고 즉시 이사한 것이 현재의 동빈동 자유학교 건물이다.

이사하면서 보니, 건물은 낡았고 마당 안에 화교 가정이 살고 있어서 좀 불편했지만, 온갖 돈을 끌어다 고치고 칠해서 당시로는 호텔 같은 기분으로 이사해 갔다. 맨 처음 한 일이 여성 화장실을 새로 지어 붙인 것이었다. 이사할 때 필요한 것이 있으면 가장 좋으면서 싼 것을 사게 했는데, 우리 선생님들은 온갖 정보를 찾아서 조금 비싸고 엄청나게 좋은 것을 찾아내곤 했다. 결국 나는 그분들과 함께 지름질에 빠지곤 했다. 나는 그분들을 지름천사라고 불렀다.

이후 자유학교는 현재의 건물에서 잘살고 있다.

2018년에 마당에 살던 화교 항만욱 선생이 별세하고 가족이 이사를 갔으므로 우리가 전체를 다 쓰게 되었다. 그 집을 공동체 교실로 개조하여 급식에 필요한 시설을 넣었는데, 청소하려고 손을 댔더니 전면 리모델링을 해야 할 정도로 상태가 괴로웠다. 결국 힘과 돈이 들고 나서 지금처럼 깨끗한 급식시설과 공동식사 공간을 유지하게 되었다. 동시에 최대 36명이 식사할 수 있는 공간에, 평소 30명 정도의 교사 학생이 공동식사를 하는데, 그 장면 자체가 바로 내가 꿈꾸던 그림이었다.

5) 무지개자유학교

2009년은 내 두 번째 안식년이었다. 나는 또 미국의 대학에 초청되어 출국했다가 십이지장궤양이 재발되어 급히 귀국하였다. 그해 교장은 유상원 선생님이 맡고 있었으므로 나는 할 일이 없는 가운데 국내에서 안식년을 보내게 되었다. 그해 초여름에 아내와 함께 미얀마로 갔다가 태국과 베트남을 다녀서 돌아왔다. 이 여행은 원래 학교 하나를 더 열 계획을 가지고 조사하러 간 것이었다.

이 일에는 처음부터 내 아내 이순애 권사가 전제되어 있었다. 그는 내 청년 시절 야학 동지로서 시집오기 전에 계명대학교 김태한 총장님의 비서로 유능한 인생을 살고 있었는데, 시집오는 순간부터 오직 나와 아이들을 위해서만 살고 있었다. 나는 뜻하지 않게 미안했고, 그에게도 성품과 능력을 펼칠 기회가 있기를 바라고 있었다. 그러다가 그해 안식년이 되자, 둘이 자주 이야기를 나누던 결혼 이주 여성에 대한 일을 하기로 의논하고 있었다.

우리는 당시, 우리나라에 시집온 외국인 여성들이 예의 바른 대우를 받지 못하는 것에 분개하고 있었다. 어떤 경우이든 그들은 이미 우리 아내요 며느리이고, 장차는 우리 자손들의 조상이 될 분들인데, 우리 문화는 그들에게 너무 무례했다. 심지어 국가 차원에서도, 그분들을 한국인화하는 것을 주된 정책이라고 내밀고 있었다. 그들의 고유문화를 존중하지도 않았고 그들 개인의 고유한 존엄도 무시하곤 했다. 심지어 그들이 낳은 우리 아이들에게조차 무례하고 섭섭한 정책을 시행하고 있었다. 명백히 한국인인 그 아이들에게, 엉뚱하게도 한국인이 되게 하는 교육을 실시하고 있는 것이었다. 그뿐이 아니라, 아이들의 외가 문화에 대해서는 전혀 접근하려는 노력도 하지 않고 있었다.

우리는 새로운 학교를 세우고 싶었다. 우선 시집온 여성들을 위해, 그들의 말로 이야기를 나누고 그들의 음식을 만들어 그들의 명절을 지킬 공간을 내주고 싶었다. 이어서 그들이 낳은 자녀들을 위해 외가 문화 전문가 과정을 만들어, 어머니의 조국을 자신의 일부로 존경하고 자랑하는 아이들로 키우고 싶었다. 실용적으로는, 그들이 준수한 청년으로 자라서 외가 나라로 파견된다면 틀림없이 폭발적인 성과를 낼 것이며, 기독교인이라면 선교적 성과 역시 놀라울 것이라고 생각했다.
일단 청소년 자유학교 앞 네거리 맞은편 가겟집이 빈 것을 보고 세를 얻었다. 거기는 오가는 사람들이 접근하기 쉽고, 가게 모양을 갖추기 쉬울 듯했다. 거기다가 동남아식료품을 사다 두고 조리기구를 갖추었다. 그러기 위해 경기도 안산 원곡동에 몇 번을 가서 승용차 가득가득 동남아식료품을 사 왔다.

그리고 포항시청과 동사무소, 여성문화회관과 포항여성회 등을 접촉하여 이런 의도를 가진 사랑방이 만들어진다는 것을 알리고, 그들에게 많이 소개해 줄 것을 부탁했다. 아주 협조적이지는 않았지만 그런대로 소문은 많이 났다.

이 역시 준비과정이 쉽지 않았다. 준비모임과 사전답사와 비품 및 소모품 준비가 필요했고, 장소를 임대하고 관공서와 여성단체에 알리고 협조를 받고 하느라고 반년을 보냈다. 그러는 과정에서 이 사업의 이름을 "다문화 나눔터-포항 안의 세계(The World in Pohang-약칭 TWinPo)"라고 하고 다문화 아이들의 학교 이름을 "무지개자유학교"라고 정했다. 이 프로젝트의 책임자는 김윤규로 하되 일상적인 운영은 아내 이순애로 하고, 무지개자유학교 교감은 정명화 선생님으로 했다. 2009년 8월 새로 장만한 장소에서 개교식을 했다. 곡강교회 목사님과 교인들이 참석하셨고, 박기환 포항시장, 교육청 관계자, 시청 관계자, 내 동학 등이 참석하고 한동대학교 사물놀이 학생들이 축하공연을 하여 성황을 이루어 주었다.

다음 날부터 이 나눔터는 운영을 시작하였다. 그 후에도 안산에 몇 번 더 가서 물품을 사 올만큼, 냄새와 맛이 특별한 이 가게는 재미있게 운영되었다. 베트남에서 온 여성들이 가장 많이 방문하였는데, 의사소통과 원활한 운영을 위하여 응우옌티투홍이라는 새댁을 고용하였다. 그 이는 착하고 재빠른 동료였다. 한국 생활에도 비교적 빨리 적응하였다. 우리와 함께 활동하는 동안 귀화시험도 통과하고 주민등록증도 받고 운전면허도 받았다. 그이는 해를 넘길 때까지 여러 달 동안 우리와 함께 즐겁게 일했었다. 그러나 베트남 여성들과 만나는 통로가 있었는데, 아마 국제결혼 중개인인 듯한 사람과도 만나는 일이 있었고, 갑자기 다른 일을 하겠다고 나가더니, 갑자기 베트남으로 돌아간다면서 사라져 버렸다.

무지개자유학교의 개념은 '외삼촌과 함께 노는 외가 놀이'였다. 한동대학교에 재학 중인 외국인 학생들이 그들의 모국문화를 그 나라의 외손자들에게 가르치는 학교였다. 이를 위하여 한동대학교에 재학 중인 인원을 선발했는데, 베트남, 중국, 몽골, 일본 출신 학생들이 뽑혔다. 이들에게는 초등학교 방과후 선생님에 준하는 교통비를 지급하기로 했다. 베트남의 경우 부퉁바흐와 부손퉁이라는 형제가 함께 일했는데, 지금은 국제변호사가 되어 활동하고 있다. 중국에서 온 학생들은 자주 바뀌었고, 필리핀에서는 결혼하여 와서 한동대에 재학 중인 제다페라는 학생이 참여하였고, 몽골에서는 결혼한 대쉬브람이라는 중학교 선생님 출신 여학생이 참여해주었고, 일본에서 온 여학생도 함께 참여했다.

이들과 회의하여 교육과정을 구성하고, 방과 후에나 토요일에 초등학교 다문화 학생을 지도하는 과정을 진행하였다. 포항 지역의 초등학교들은 당시 막 진입해 오는 다문화 학생들을 어떻게 지도해야 하는지에 대해 고민하고 대안을 찾고 있었지만, 우리와 같은 인력을 가지고 있지 않았다. 우리가 개교하고 내가 강연이나 언론을 통해 학교를 홍보하자 각 학교의 문의가 계속 들어왔고, 주말학교가 자주 열려서 학교를 방문해서 지도하거나 학생들이 우리 학교로 와서 수업을 진행하기도 했다. 우리는 아주 효율적이었다. 엄마의 모국에서 온 대학생들이 가르치는 수업과, 엄마들이 모여서 만들어주는 외가 음식은 아이들에게 인기가 있었고, 다문화 학생만이 아니라 지역의 일반 학생들도 참여하는 경우가 많았다.

다음 해에는 예산이 많이 필요해졌다. 생각보다 이 교육이 필요한 사람이 많아지고 참여할 인원도 늘어났으므로 우리가 가진 비용만으로는 감당할 수 없었다. 그래서 포항시청과 의논했으나, 한국 적응교육이 아닌 이런 개념의 다문화 사업은 예산이 없다고 해서 특별한 대안을 찾지 못했고, 경상북도청에 가서 담당자와 의논했지만 역시 이해시키기가 쉬운 일이 아니었다. 이리저리 부딪치다가, 하도 대책이 없어서 다짜고짜 경상북도청 복지국장을 찾아갔다. 전혀 안면이 없는 김장주 씨라는 분이었는데, 나는 일단 이 사업에 대한 설명이라도 들어달라고 했다. 그이는 좀 황당해했지만 예의 바르게 내 설명을 들었다. 결혼 이주여성을 존경하고 그들의 문화를 누리게 하며 그들이 낳은 우리 아이들에게 외가 문화에 대한 자긍심을 기른다는 이 개념에 마침내 김 국장은 깊이 공감하였다. 그리고 천만 원의 예산을 받을 수 있도록 즉시 연결하여 도와주었다. 이런 예산지원은 다음 해에도 계속되었다.

그러자 일이 훨씬 수월해졌다. 그런데 당시에 포항에서 다문화 여성에 관심을 가지고 활동하는 관공서와 단체가 많았다. 겨우 한국어와 한국음식 정도의 강좌였지만, 많은 단체와 특히 시청에서 이 일에 더 많은 인원과 예산을 가지고 접근하였다. 그들에게도 다문화 학생들을 외가 문화 전문가로 육성하는 꿈을 설명하고, 공감하고 토론하였다. 마침내 포항시청에서도 다문화 정책에 이런 활동을 포함하기로 했다. 그러면서 우리에게 활동내용을 공유해 달라고 요청했다. 해가 지나고 도청의 복지국장을 다시 만났더니, 이 프로그램을 포항만이 아니라 다른 시군에도 시행해 달라고 요청하였다. 그러나 우리 인력의 한계가 컸다. 우리 선생님들은 모두 대학생이었고, 우리가 감당할 수 있는 시간과 거리의 한계가 명확하였다.

결국, 우리 활동이념과 계획을 모두 공공 영역으로 이관하였다. 실제 이 일은 우리 스스로 다 감당하지 못하는 일이기도 했다. 그래도 공공 영역에 좀 더 새로운 시각을 제공했다는 보람은 있었다. 그 뒤로 지금은 각 지자체에서 외가 문화 과정을 다양하게 개설하고 있는 것을 보았다.

2012년에 우리의 무지개자유학교 활동은 끝났다.

2. 우리 사람들

1) 전국 최고의 청년 봉사집단

나는 자유학교 일로 많은 주목과 질문을 받았다. 뜻하지 않게 칭찬도 수없이 들었고 심지어 표창도 받았다. 그때마다 사람들은 어떻게 이런 일을 하는가, 자기 단체는 왜 못하는가 물었다. 그저 인사말로 묻기도 했지만, 더러는 자기네는 왜 안되는지 진지하게 궁금해하는 이들도 있었다. 나는 항상 단호하게 말했다.

"선생님께는 저만큼의 동지들이 없습니다. 저는 전국 최고의 봉사집단과 함께하고 있습니다."

진심이었다. 어떤 단체나 어떤 활동과 비교해도 자신이 있었다.

자유학교의 선생님들은 임무에 따라 학업 지도와 공동체 활동의 두 갈래로 나뉘어 있었다. 직접 수업을 하고 학생의 생활을 지도하는 선생님들은 모두 한동대학교 학생들이고, 모든 학교 식구들이 한 상에서 밥을 먹는 공동체 활동을 제공하시는 선생님들은 사회인들이었다.

먼저 한동대학교 학생 선생님들, 진심으로, 이 청년들은 영웅들이다. 나는 처음부터 학교의 체제를 지금과 거의 같은 형태로 구상했고, 그 생각을 유지하고 있다. 사회적으로 안정된 사람들로 구성된 교장단, 대학생인 교사단, 필요하면 사회인 봉사단. 그 핵심은 대학생 교사단이었다. 교사운영은 내가 대학생 때 경험한 것을 참고하여, 한동대학교에 동아리 조직을 두고 이들을 자유학교의 교사로 활용하는 이원적 조직으로 했다. 처음에는 좀 느슨했으나 차츰 매우 효율적인 조직이 운영되었다.

"18년간 학교 밖 아이들의 꺾인 날개 회복시켜"

김규동 기자 | 등록일 2019.04.07 11:09 | 게재일 2019.04.07 | 댓글 0

희망을 주는 사람들(4)
포항청소년자유학교를 찾아
중퇴한 청소년 500명가량 배출
260여명 중·고졸 검정고시 합격

2001년 자유학교를 만들 때 벌써 내게는 수십 명의 길동무들이 있었다. 숫자만이 아니라 면면들을 생각하면 다 가슴 벅찬 이름들이었다. 이번에 명단을 정리하면서 이름만 생각해도 다들 감회가 새로웠다. 오카리나를 불던 멋진 청년 기정호, 잘 생긴 해병 장교 김경탁, 연극반 카리스마 회장 김관동, 착하고 공부 잘 하는 김병희, 말 안 듣고 서울대 교수 된 김부열, 말 잘 듣던 한동대 교목실장 김완진, 감동적인 연극인 김준우, 성실한 지도자 모상현, 중국 간 배은실은 자유를 아는 여성이었고, 반짝이는 백예인은 지금 영어 가르치는 사모님이고, 오정환인 오이정환은 이념이 투철한 동지, 이중섭은 정은진과 결혼하여 지금 한동대학교 교수이고, 이현은 참 예쁜 우리 팀 학생이었고, 멋있는 연극인 이호은은 지금 캐나다에서 목사이고, 다정한 정원지, 정의홍, 최우영은 뭉쳐 다니는 동지들이었고, 내 조교 조규성은 목회를 하고, 아름다운 조소영, 최진나는 깨어있는 여성이었다. 그리고, 다 열거할 수가 없다. 일일이 생각하고 찾아보면 다 기억나고 감사한 내 길동무들이다. 2001년 한 해에만도 이 정도의 인재들이 함께 있었고, 이후에도 이만큼 아름답고 화려한 인물들이 20년이 넘도록 자유학교를 구성했다. 나는 그 모든 이들과 손잡고 일하는 행운을 지금까지 누리고 있다.

자유학교도 보통의 학교처럼 교무과 학생과 연구과를 두었다. 처음에는 일이 별로 없어서 교무과 정도로 운영했지만, 학교가 커지면서 실제로 정규학교만큼 일이 많았고, 심지어 학생과는 더 골치 아프고 복잡한 일이 터지기도 했다. 이 모든 보직교사를 대학생들로 임명했다. 첫해부터 보직교사는 반드시 대학생 교사들의 직접선거에 의해 임명했다. 처음에는 동아리 회장이 교무과장을 맡았다가 나중에는 회장을 교무부장으로 하고, 교무 학생 연구과 이외에 총무과와 협력과가 추가 설치되고 과장을 두었다. 이 모두 대학생 교사들이 맡았고, 그들은 전적인 책임을 지고 학교를 운영했다. 교육과정과 학생수칙과 심지어 개학, 방학 등의 일정도 대학생 교사에게 위임하고 교장단은 책임만 지는 체제를 유지하였다.

교사들은 동아리 신입회원으로 모집되었다. 매 학기 초에 모든 동아리가 신입회원을 모집하는데, 최근 대학에서는 동아리들마다 회원모집에 곤란을 겪고들 있었다. 그러나 자유학교 동아리는 항상 경쟁률이 높았다. 심한 경우 8:1도 있었고 낮아도 3:1 정도의 경쟁률은 항상 보였다. 그만큼 모든 학생이 인정하고 선망하는 동아리가 되었다. 동아리 선배들이 그들을 면접하고 선발했다. 교장단은 전혀 개입하지 않아도 가장 우수한 사람들이 교사로 선발되었다.

그러나 그런 훌륭한 대학생 교사들에게 학교는 어떤 형태로든 보수를 줄 의도도, 능력도, 가능성도 없었다. 나는 첫해 첫 교사회의에서 확실하게 선언했다.
"여러분께는 어떤 보수도 드리지 않습니다. 다만, 1년에 두 번 회식이 있는데, 그때는 교사로서의 위엄을 지키도록 해드리겠습니다."
그때부터 지금까지 종강 회식은 가능한 한 잘 대접하려고 애쓰고 있다. 물론, 그래봤자 보통 식사보다 겨우 얼마 높인 음식이었지만, 대학생 선생님들은 매우 행복하고 즐겁게 참여하였다. 가장 기억나는 일은 숲속의 오리훈제구이 전문식당에 갔던 때였다. 평소처럼 1박 2일로 예정

된 회식의 저녁식사 자리에서, 내가 신이 나서 무한리필을 선언해 버렸다. 그날 우리 선생님들은 그 업소의 모든 오리고기를 마지막 먼지까지 쓸어버렸다.

선생님들은 한동대학교에서 자유학교에 오기 위해 셔틀버스를 타야 했다. 처음에는 대학 셔틀버스가 무료였는데 버스회사들의 요구로 유료화되었다. 처음에는 동아리 회비도 없었는데, 나중에는 동아리 회비도 생겼다. 나는 선생님들에게 금전적 부담이 생기는 데 반대했다. 필요하면 학교가 비용을 드리겠다고 했다. 그러나 선생님들은 자치활동을 위한 비용이라며 회비를 걷겠다고 했다. 결국 타협했다. 선생님들이 내는 회비만큼 학교가 보태서 드리고, 선생님들은 필요비용의 반만 거두기로 했다. 지금도 자유학교 동아리는 다른 동아리보다 훨씬 적은 금액을 회비로 거두고 있다. 그리고 나는 여전히 미안하다.

대학생 선생님들은 정말 엄청난 성과를 내었다. 우리 학생들은 가정보호가 잘되지 않는 경우가 많았는데, 선생님들은 정성과 공감으로 학생들의 보호자가 되어 주었다. 처음에 학생들은 마음을 닫고 선생님들을 배척하기도 했지만, 오래지 않아 친구나 친형제처럼 친하고 의지하는 관계를 형성하곤 했다. 선생님들은 짧으면 1학기, 길어야 2~3년, 특별한 경우에나 4년 정도 활동하므로 매우 빨리 세대교체가 일어났다. 그 짧은 기간에 학생들은 선생님들의 영향을 받아 삶의 방향을 수정하기 시작했다. 급격한 변화는 잘 일어나지 않았지만, 거의 모든 학생이 긍정적인 방향으로 돌아서곤 했다.

공부도 성과가 컸다. 우리 학생들은 일찍부터 공부와 담을 쌓아서 이른바 공부기초가 없는 아이들이었다. 삶을 바로잡고 살아보겠다고 마음을 먹어도 공부의 벽이 가로막는 경우도 많았다. 그래도 우리 선생님들은 침착하게 이들을 이끌었다. 고졸 검정을 쳐야 하는데 단순한 곱하기 나누기가 안 되는 아이들, 영어라고는 대소문자도 다 못 읽는 학생들이 우리 선생님들에게 맡겨졌다. 우리 선생님들은 그런 아이들을 고등학교 졸업자로 만들어내었다. 매년 두 번씩 검정고시를 치는데, 끝까지 공부한 학생은 거의 대부분 합격했다. 합격한 아이들을 보면서 나는 매번 감격만 하면 되었다.

배움길 동행하는 젊은 사제

경북도민일보 | 승인 2006.05.15 | 댓글 0

포항 청소년자유학교
대안학교인 이곳 선생님은
한동대 야학동아리 회원
학생과 선생님이 함께
고민하는 열정의 교실

대부분 대학생들로 구성된 포항 `청소년 자유학교'. 제자들과 비슷한 또래의 자원봉사자 김선진 교사가 양쪽 가슴에 카네이션을 단채 환한 웃음으로 수업을 하고 있다. /이종현기자 salut71@

포항 청소년자유학교, 검정고시 전원 합격

김현목기자 | 승인 2012년 05월 15일 22시 16분 | 지면게재일 2012년 05월 16일

대안학교 학생들이 검정고시에서 대거 합격해 훈훈한 감동을 주고 있다

포항에 있는 유일한 대안학교인 '청소년자유학교'는 15일 발표된 검정고
격하는 기쁨을 누렸다.

청소년자유학교는 한동대학교 김윤규 교수와 40여명의 학생들이 뜻을

학생은 학비를 내지 않고 교사는 보수를 받지 않는 완전 봉사 학교로 운

☐ **"아이들 표정 밝고 자신감 넘쳐"**

오후 5시15분이 되자 교사들이 각자 교실로 향했다. 교사를 따라 제1 강의실에 들어서자 아이들이 교사를 반갑게 맞았다. 아이들의 표정이 밝았고 자신감이 넘쳐났다. 수업이 시작되기 전 한 아이에게 소감을 물었다.

이 학생은 "비슷한 처지에 있는 아이들과 함께 공부할 수 있어 편안하고, 선생님들이 아주 친절하게 잘 가르쳐 주고 있어 학교생활이 재미있다"고 감사했다.

☐ **"승마 배우고 타 도시로 소풍도 떠나"**

화단 옆 계단을 따라 2층으로 오르니 희망을 상징하는 나뭇잎, 음표, 보랏빛 꿈, 하늘을 나는 새, 왕관을 쓴 아이들의 행복한 모습 등을 담은 벽화가 마음을 들뜨게 만들었다.

3강의실에서는 벌써 수업이 진행되고 있었다.

아이들은 "2교시 뒤에 이어지는 저녁식사시간도 많이 기다려진다"며 "밥과 반찬이 맛있다. 저녁을 먹고 탁구도 치는 등 학교생활이 재미있다. 체육시간에는 승마를 배우고, 검정고시를 치른 뒤에는 선생님들과 소풍도 간다"고 자랑했다.

수업 모습.

☐ **"합격한 아이들 볼 때 뿌듯함 밀려와"**

임은채 교사(총무과장·한동대 전산전자공학부 3년)는 "청소년자유학교 교사를 하면서 많은 아이들을 직접 만나 소통하는 것이 참 감사하다. 아이들에게 가르치는 즐거움도 있지만 합격한 아이들의 모습을 볼 때 뿌듯함과 감사함이 동시에 밀려온다."고 말했다.

장민영 교사(교무과장·한동대 전산전자공학부 2년)는 "아이들과 함께 식사를 하고 체육활동을 하면 에너지를 공급받게 된다"며 "아이들이 착하고 잘 따라주고 있어 고맙다. 더 열심히 강의를 준비하고 있다"고 말했다.

포항 청소년자유학교, 학교 밖 아이들 마음 두드리다

이경관기자 | 승인 2017.05.11 | 댓글 0

| 한동대 학생들 교사로 참여

▲ 포항청소년자유학교에서 학교 밖 청소년들을 가르치고 있는 한동대 대학생 선생들이 손하트를 그리고 있다.

[경북도민일보 = 이경관기자] 작가 칼릴 지브란은 "교육은 그대의 머리 속에 씨앗을 심어주는 것이 아니라, 그대의 씨앗들이 자라나게 해준다"고 말했다.

따스한 봄 햇살 속 야생화를 닮은 포항지역 학교 밖 청소년들이 꿈과 희망의 싹을 틔우고 있다.

'포항 청소년자유학교'. 문제아 등으로 불렸던 이들이 꿈을 틔울 수 있기까지 그 중심에는 '사랑'이 있었다.

애정어린 관심에 굶주렸던 이들이 이곳에서 많은 선생님의 사랑 속에 다시 희망을 찾은 것이다.

이곳이 포항의 기적이 되기까지 어떤 이야기가 담겨있을까. 이곳을 찾아 그 기적의 스토리를 들어봤다.

포항침례교회 뒷편 포항시 동빈 1가에 위치한 청소년자유학교.

시골의 작은 분교를 닮은 이곳은 작지만 청소년들이 꿈을 키우기에는 충분한 공간이었다.

지금 우리나라 정도면 사회적 선의가 풍부한 편이다. 호의적으로 기여하고자 하는 우수한 인력이 남아도는 것이다. 문제는 그 유능한 에너지를 잘 조직하여 운용하는 기구가 흔하지 않다는 것이다. 우리 선생님들은 유능한 조직을 활용하면서 자신들의 에너지를 탁월하게 운영하였다. 그 결과 자원봉사 부문의 중요한 상은 거의 다 받았다. 대학생 봉사축제 봉사상, 자원봉사 동아리 대상, 교육부 재능기부 동아리 지정, 아산상 대학생봉사상 등등이 우리 선생님들이 받아온 상이었다. 대학생 우수동아리에게 주는 지원금 공모에서는 응모하면 거의 최고의 지원을 받곤 했다.

이렇게 수많은 선생님들은 자유학교에서 활동한 경험을 소중한 추억으로 가지고 사회 각 분야로 진출해 나갔다. 취업에도 자유학교는 활용되었다. 모든 선생님이 자유학교 활동을 경력으로 쓸 수 있는데, 어떤 선생님께는 내가 직접 추천서를 쓰기도 했으며 대부분 자기소개서에 자유학교 활동을 열정적으로 자랑했다. 최종면접에 가면 면접관 앞에서 자유학교 이야기만 하다가 나오기도 했다고 하였다. 그러면 면접관들이 그런 작은 일에 열정적으로 헌신한 데 대해 감동하곤 했다고 하였다. 지금 우리 선생님들은 어느 자리에 있든지 자랑스러운 전문가로 살아가고 있다. 나는 언제든지 그분들이 영웅이었음을 증언할 수 있다.

2) 내가 덕질 중인 공동체 선생님들

처음 자유학교를 만들었을 때는 돈도 없고 학생도 적어서 일정한 급식을 하지 못했다. 문화원 앞에 있는 작은 가게에서 빵이나 우유를 사다가 먹인 적이 있지만, 안정되게 급식하지는 못했다. 그러다가 학생이 많아지면서 아이들의 사정을 알게 되자 급식할 필요가 높아지게 되었다. 학교에 가지 않는 아이들은 다들 불규칙한 생활을 하고 있었다. 우리 아이들은 대부분 가정에서 보호가 잘되지 않았으므로 새벽까지 게임을 하다가 3시가 넘어 잠들고 10시가 넘어서 일어나서는 느지막이 라면이나 끓여 먹는 식으로 불안정하고 불충분한 식생활을 하고 있었다. 더욱이 우리 학교가 저녁 5시부터 9시까지 운영하느라고 저녁시간이 겹쳐 있어서 결국 어떤 형태로든지 급식을 할 수밖에 없었다.

2009년은 내 두 번째 안식년이었고, 그해에 무지개자유학교를 열었다. 여기에는 우리나라에 시집온 여성들이 모국의 음식을 해 먹기 위한 주방시설이 있었다. 이 교실을 운영하는 내 아내 이순애 권사는, 문을 열자마자 저녁에 청소년 자유학교 학생들에게 밥을 해 주기 시작했다. 아내는 2001년 내가 자유학교를 시작할 때부터 함께 하고 싶어 했는데, 당시에는 아직 세 아이들이 학교에 다니고 있어서 나오지 못했었다. 그러나 2009년에는 위로 둘이 대학생이었고 막내도 고등학교에 들어가 손이 좀 비게 되었었다. 그래서 매일 저녁에 선생님과 학생이 밥상을 함께 하는 활동이 시작되었다.

처음에는 아내가 혼자 또는 베트남 새댁 투홍 씨와 둘이서 밥을 했었다. 그러나 곧 체력적인 한계가 드러났다. 매일 30명가량의 밥을 해내는 것은 너무 힘든 일이었다. 손을 도와줄 사람을 구하는 일이 당장 급해졌다. 마침 그때쯤에는 내가 포항 시내의 여러 기관에 특강을 하는 경우가 많았다. 문화원이나, 청소년수련관이나 생명의 전화 등에 강연을 할 때에 자유학교 이야기를 하면서 손길이 필요하다고 하면 종종 자원하는 분들이 있었다. 처음에 자원한 분이 황병숙 선생님이었다. 이분은 생명의 전화에서 자살위기 상담을 하시는 분인데, 시간을 내서 우리 공동체 선생님이 되어 주셨다. 이어서 10년이 넘는 기간 동안 수십 명의 선생님들이 우리 아이들을 위해 따뜻한 밥을 하는 손길이 되어 주셨다. 이분들이 하루에 3명 정도씩 조를 맞추어 매일 저녁밥을 지어 주셨다.

사실 한 분씩 만나면 이분들은 우리 사회 최고의 인력이다. 연령은 대체로 50~60대, 모두 안정된 주부들이거나 고등학교 전직 선생님, 고등학교 선생님 사모님, 한의원 원장 사모님, 대학교에서 정년 하신 교수님, 현직 간호학과 교수님, 우리 대학 졸업생의 어머니, 교수님의 부인, 봉사단체 총무님, 교회 권사님, 큰 병원 수간호사님, 이런 분들이 우리 공동체 선생님이었다. 높은 지성과 경험을 가진 최고의 인력이지만, 이분들은 단 한 번도 자신의 임무 영역을 벗어나지 않았다. 학교의 수업 영역에는 한 번도 개입하신 적이 없었고, 학생생활지도에도 전혀 간섭하지 않았다. 그 전문적인 능력과 경험을 감추고, 심지어 전국 최고의 간호사이신데도 위생지도조차 개입하지 않으시면서, 오직 아이들 밥을 해주기 위해 시간을 내신 것이다. 어떤 선생님이 자기는 내 팬이라고 하셔서, 나는 내가 선생님의 팬이라고 공적인 자리에서 말했다. 진심이었다.

처음에는 길 건너 무지개자유학교에서 밥을 해 먹이다가, 자유학교 본관 교무실을 식당으로 개조하여 쓰다가 나중에는 학교 입구의 중국인 집을 개조하여 깨끗한 식당을 만들어 학생과 교사가 함께 하는 공동체 교실로 지금까지 쓰고 있다.
자유학교의 식사는 정갈하고 매번 정성이 들었다. 아내가 매일 대형마트에서 장을 보고 내가 거의 매일 학생들과 함께 저녁을 먹었는데, 내가 심한 십이지장 궤양을 가지고 있으므로 조금이라도 상하거나 방부제가 든 재료는 쓸 수가 없었다. 나는 그 저녁을 십여 년 먹었지만 아무 탈이 없다. 그때나 지금이나 나는 자유학교의 기미상궁이다.
식사 인원은 들락날락했지만 대개 하루 30명가량이었다. 게다가 학생이나 선생님이나 엄청나게 먹는 청소년들이었다. 우리 공동체 선생님들은 그 엄청난 먹새를 매일 맛있는 저녁으로 공급했다. 부실한 시설에서 그 일을 다 해내느라고 땀을 뻘뻘 흘리는데도, 즐거운 표정과 밝은 태도는 언제나 존경스러웠다.

선생님들이 밥을 해주시기 시작하자 교육 효과는 더욱 높아졌다. 아이들은 정성이 가득한 가정식 식탁에 매일 저녁 둘러앉았다. 처음 오는 학생은 이런 다정하고 따뜻한 분위기를 거부하기도 했다. 거칠게만 살아온 그 아이들은 배가 아프다면서 밥을 먹지 않기도 하고, 심지어 저녁시간에 가게에 나가 인스턴트 음식을 사 먹으면서 학교 밥을 안 먹는 학생도 있었다. 그러나 끝까지 그러지는 않았다. 그것도 처음에는 심드렁하게 두어 숟가락 먹고 뚱한 표정으로 그릇을 쑥 내밀고 나가곤 했다. 그러다가 좀 친해지면 빈 그릇을 내밀면서 뭔가 불만스러운 표정으로 "감사합니다."하고 얼른 나가 버리곤 했다. 그것으로 우리는 이겼다. 다음날부터 틀림없이 그 아이는 즐거운 표정으로 밥 먹으러 왔다. 참으로 신기한 일이었다. 이 맛있는 저녁식사에는 대학생 선생님들이 항상 함께 했는데, 선생님들도 기숙사에서 제공되는 단체식사보다 자유학교 식사를 더 좋아하고 신나게 먹곤 했다. 이 공동체 활동은 자유학교 교육활동의 중심이 되었고, 여기서 밥하시는 선생님들은 내가 아는 최고의 봉사 전문가였다.

음식을 준비하는 공동체 교사들(왼쪽 첫번째 이순애 사모(김윤규 교수 아내-공동체 교감)).

□ "지역 주민들 교실 불까지 꺼줘"

-지역 주민들의 반응은 어떤가?

△초기에는 '혐오시설' '깡패 집합소'로 불렸다. 아이들이 오토바이를 붕붕거리며 타고, 아무 곳에서 담배를 피우고, 소리를 지르고.... 그래서 동네 사람들이 이 학교를 싫어했다. 하지만 이 곳 교장과 교감, 한동대 학생들이 그 깡패들에게 공부를 가르쳐 졸업시켜 내보낸다는 얘기를 듣고 마음을 열기 시작했다. 동네 어르신들이 국수 50인분을 삶아서 학교로 가져오기도 했다. 우리 학교와 아이들에게 마음 문을 연 것 같다. 교사들이 교실의 불을 끄지 않고 퇴근하면 불을 꺼주기도 한다. 아이들도 동네 어르신들에게 고개 숙여 인사하고 있다.

3) 보이지 않는 손길들

자유학교를 설립한다는 소문을 내고 있을 때였다. 문득 어떤 분이 전화를 해 왔다. 이것저것 묻더니 자기가 학교 운영비를 내겠다는 듯이 말했다. 이어서 이런저런 말을 하더니 자기를 이사장으로 하면 좋겠다는 속내를 드러냈다. 거절했다. 그는 나중에 어떤 자리에 출마했다.

자유학교가 가난하다는 것은 모두가 아는 일이었고, 돕겠다는 단체나 사람들이 많았다. 그러나 나는 대부분을 거절했다. 그들은 은근히 명예와 보상을 원했는데, 나는 그럴 힘도 의사도 없었기 때문이었다. 지금까지 후원을 제안했다가 거절된 분들께 내 무례함을 사과한다. 그래서 다시 만나면 좀 부드럽게 거절할 것이다.

학교가 개학하면서 바로 곡강교회에서는 매월 10만 원을 후원하기 시작했다. 중간에 내가 사양해서 잠시 중단한 것 외에는 지금까지 계속되고 있는데, 실은 내가 그 교회의 장로이다.

개교하자마자 포항제일교회 김광웅 목사님이 전화를 하셨다.
"교수님, 뭐 필요한 거 없어요?"
"예 목사님, 학업을 중단한 청소년들을 찾아 보내라고 교회에서 광고해 주십시오."
"그러지요. 더 필요한 거 없어요?"
"그러면... 목사님, 죄송하지만, 월 5만 원만 도와주십시오."
"알았습니다. 10만 원씩 보내지요."

김 목사님이 이임하실 때까지 도움은 계속되었다.

동안교회 김동호 목사님은 자유학교 김부열 선생님의 아버지이신데, 나와는 교수와 학부형으로 만났었다. 나중에 높은뜻교회들을 개척하시고도 반갑게 뵙곤 했는데, 필요할 때마다 철맞춘 비처럼 도와주셨다. 한번은 휴가 때 남몰래 자유학교로 오셨는데, 가셔서 자유학교 이야기를 페이스북에 올리자 갑자기 후원 전화가 몰려오기도 했다.

한국학중앙연구원 한국학대학원의 박성호 교수는 내 첫 조교였는데, 그가 한동대학교를 졸업한 뒤에 자유학교가 생겼지만 지금까지 후원을 계속하고 있다.

한동대학교에는 훌륭한 교수님들이 많았다. 내가 이런 일을 한다는 것을 알고는 슬그머니 집적거리는 분들이 있었다.

정경훈 교수가 어느 날 갑자기 전화를 했다.
"교수님, 자유학교 계좌번호 좀 가르쳐 주십시오."
"왜요?"
"제가 나무한테 미안한 짓을 해버렸는데, 뭐가 좀 들어왔습니다."
저서를 냈는데 저작권료를 받았다가 내게 털렸다.

안경모 교수는 유능하고 착한데 자주 내게 당했다.
"당장 애들한테 써야 할 돈이 없어."

"많이?"

"백만 원 보내."

"알았어."

그는 그번에만도 이백만 원을 보냈다.

김재홍 교수는 지금 조기 은퇴하고 잘 놀 것이다. 장학금 5백만 원이 필요해서 농담처럼 걱정을 했는데, 김부열 선생이 소문을 내서 사방에서 도움이 쏟아지게 되었다. 뜻밖에 모금을 하게 되었고, 심지어 그냥 두면 넘칠 수도 있어서 내가 전화했다.

"야, 김재홍이 다 냈으므로 모금 끝났다고 선언한다?"

"알았어."

이분들은 내게 한두 번 당한 게 아니다. 참 이렇게 귀엽고 존경스러운 분들이 있을까.

그 밖에도 수많은 단체와 개인들이 도움을 주셨다. 모든 성함을 밝히려고 명단을 작성했는데, 문득, 동의도 받지 않고 갑자기 이름을 밝히면 그분들에게 결례가 될 수도 있겠다는 생각이 들었다. 우리 대학의 교수님들은 서로 사정을 다 알지만, 어떤 분들은 사정을 잘 알지 못하기 때문이다.

"한 사람을 구함은 세상을 구함입니다"

손석호기자 | 승인 2013.05.15 | 댓글 0

| 오늘 스승의 날…김윤규 교장의 학생지도 빛나다

`학교밖 아이들' 교육 검정고시 합격생 81명

포항 청소년자유학교 김윤규(57·한동대 글로벌리더십학부 교수)교장.

14일 자유학교 강의실에서 만난 그는 이날 검정고시 합격자 발표에서 중졸시험 2명, 고졸시험 8명이 합격했다며 기뻐했다. 합격즉시 졸업이 원칙이다.

대학시절부터 야학 봉사활동을 했던 그는 "10여년전 학교생활에 실패한 아이들이 많다는 것을 알게 돼 자유학교를 열었다"고 설립 취지를 밝혔다.

청소년자유학교는 중·고교 퇴학생, 자퇴생, 학교부적응자 등 이른바 `학교밖 아이들'을 위한 곳으로 지난 2001년 개교했다.

81명의 검정고시 합격생, 72명의 정규학교 진급 및 졸업 자격생을 배출했다. 한동대 자원봉사 동아리 `자유학교' 학생 60여명이 학생들을 지도하고 있다.

이 글에서는 신앙적인 표현을 쓰지 않으려고 마음을 먹었지만, 가끔 놀라운 일이 일어나면 하나님의 은혜라고 밖에는 할 말이 없었다. 사정은 어렵고 대책은 없을 때, 조금만 있으면 풀릴 것 같은데 아슬아슬하게 모자랄 때, 놀랍게도 반드시 해결되는 은혜가 있었다. 이것은, 한문 필수가 풀려서 돈줄이 마르자 바로 그해부터 시청 보조금이 지원된 데서 시작되었다. 참 기막힌 일이 많았다.

현재의 건물로 이사를 오자 1층과 2층의 5개 교실에, 컨테이너 두 층에, 넓은 급식실까지, 냉난방을 해야 할 공간과 방이 너무 많았다. 처음에는 모두 선풍기와 난로로 해결하려고 했다. 어느 여름날, 학생들이 가득 들어찼는데, 선풍기 하나씩만 겨우 덜덜덜 돌아가고 다들 혀를 빼물고 있었다. 보기만 해도 화가 나 견딜 수가 없었다. 바로 ㅎ마트에 달려가 교실마다 에어컨을 질러 버렸다. 그러자 곧 교육부에서 학업중단 청소년을 위한 지원사업 공모공고가 났고, 응모하자 선정되었다.

권기성 사장은 내 5대 조모의 친정 쪽 5대 종손자이다. 어린 시절 같은 고향에서 살았지만, 그나 나나 공부로 직장으로 떠돌았는데, 우연히 포항에 살고 있는 것을 알고 참 반갑게 만났다. 나는 마침 자유학교 컴퓨터가 늙어 덜덜거리는 중이었고, 그는 마침 그의 회사에서 사회 공헌을 하고 싶어 하던 참이었다. 150년 전에 시집오신 할머니의 친정 손자가 지금 자유학교 교무실의 컴퓨터와 부속기기를 사 주었다.

급식을 하면, 하루에 30명이 넘는 식사에 드는 주식, 부식이 엄청났다. 쌀은 대체로 가을 추수 때나 교회 추수감사절 예배가 끝나면 기부되곤 했는데, 어떤 해에는 좀 부족하기도 했다. 어느 해, 쌀이 부족할 것 같다고 아내가 걱정하던 날, 갑자기 쌀 12포대가 배달되었다. 양동 대종손 이지락 선생님이 언젠가 말씀했던 쌀을 문득 보내신 것이었다.

앞에 살던 중국인이 이사를 간 뒤 거기를 공동체 교실로 개조하기 위해서는 전면적인 리모델링 공사를 해야 했다. 가진 것을 다 긁어 넣어도 500만 원은 모자랐다. 그런데 갑자기 충청도 당진에서 엄기력 선생님 전화가 왔다. 전에 내게 특강을 들은 분 중에서 한 분이 500만 원을 내게 기부하고 싶다는 것이었다. 이럴 때 기독교인은 소리 지르곤 한다. 할렐루야!

그런 경우는 수도 없었다. 나는 가끔 농담을 했다.

"하나님 귀가 너무 밝으셔서 걱정을 못하겠어."

4) 고생만 하는 이들

나는 이 일을 하면서 온갖 생색을 내고 곳곳에서 칭찬을 배 터지게 받았다. 그러나 교감 선생님들은 내게 끌려들어 와 고생만 죽자고 했는데 알아주는 이가 도무지 없다.

이상은 목사님은 김종하 목사님의 친구분으로 알게 되어서 동지가 되어 이 일에 함께 하셨다. 내 첫 안식년 기간에 교장을 맡아 고생을 하셨고 지금은 담임하시는 교회 일에 전념하고 계시다. 김두명 선생님은 내 대학 동기였는데, 우연히 포항여고에 발령받아서 고생만 하고 전근을 갔다. 이권주 선생님은 친아우 같은 후배인데 처음부터 같은 마음으로 시작하여 오랫동안 함께 고생하다가 전근을 갔다. 그의 친구인 이기호 이영률 선생님은 슬그머니 끌려와 도와주다가 전근을 갔다. 이호준 선생님은 내 큰아이의 담임선생님이었는데, 괜히 친하게 지내다가 끌려들어 와 오래오래 수고하고 지금은 공립중학교 교장 선생님인데 자유학교에서는 교감 선생님으로 있다. 권영준 변호사님과 이상원 선생님은 사회교육에서 알게 된 분들인데 이 일에 동참하여 도와주셨다. 하종곤 의사 선생님은 아파트 이웃인데 끌려와 도와주셨다. 신기철 선생님은 내 군대 동기인데 멀리서 가끔 돈을 뜯기면서 교감이 되어 주셨다. 유상원 선생님은 기독교 방송 아나운서로 대담하다가 꽂혀서 동참하여 교사로부터 교감, 교장으로까지 활동하고 계시다. 한동대학교의 교수님들 중에서 김준형 교수님과 류대영 교수님이 동료를 잘못 만나서 한때 교감을 맡아주셨다.
한동대학교에 손화철 교수님이 왔을 때 나를 포함하여 많은 사람들이 탐을 냈는데 나는 고생시킬 일이 미안하여 눈치만 보고 있었다. 해를 넘기고 지나가는 말처럼 자유학교 이야기를 했는데, 바로 관심을 가지고 수락했다. 그는 지금도 최고의 능력과 매력을 가진 교감이다.
이중섭 교수님은 개교할 때 학생 선생님으로 활동한 분이다. 그때 애인이던 정은진 선생님과 결혼하여 미국으로 유학 가서 공부를 마치고 한동대학교에 교수로 돌아왔다. 그러고는 당연한 듯이 교감으로 불려 와서 고생을 하고 있다. 그는 대학생 선생님들의 워너비 모델이다.
정명화 선생님은 곡강교회 김종하 목사님의 사모님인데, 무지개자유학교 교감으로 참여했다가 한동국제학교 국어 선생님으로 가셨었다. 2020년에 한동글로벌학교를 퇴임하고 다시 자유학교 교감으로 와서 온 학교의 일을 다 돌보면서 고생 중이시다.

개교할 때는 생각지 못했는데, 시청과 교육청의 보조금을 받으면서부터 행정적인 일이 많아졌다. 그러나 내가 그런 일에 익숙지 않아서 도와줄 분이 필요했다. 처음에는 내가 재직하고 있는 인문학부의 행정 조교 선생님이 도와주셨다. 그러나 조교 선생님들의 임기가 짧아서 좀 힘들었는데, 이혜림 선생님이 오면서 훨씬 안정되었다. 이 선생님은 오랫동안 도와주시다가 결혼하고 아기가 생겨서 박진선 선생님께 인계하셨다.

박진선 선생님은 그때부터 지금까지 10년이 넘도록 온갖 고생을 하셨다. 한동대학교를 떠나 포스텍에 근무할 때와 심지어 서울에서 근무할 때에도 행정처리를 위해 부탁하면 밤중에라도 달려와서 고생을 하고 있다. 처음에는 행정업무만 하시다가 상담도 하시고 나중에는 교감 선생님으로 지금은 법인 감사까지 맡아주고 계신 중이다.

5) 참 별별 주인공들

우리 학생들은 열 명이면 열 가지, 스무 명이면 스무 가지 사회문제의 대표자였다. 아직 어린아이들이면서도 그들은 각자에게 주어진 문제를 짊어지고 힘겨운 청춘을 헤쳐 나가고 있었다.

불량행동으로 온 아이들도 각각 처지가 달랐다. 흡연으로 벌점이 누적되어 퇴학된 그냥 불운한 사람부터, 소년원에 몇 번을 다녀온 경력자까지 모두 자유학교로 왔다. 흡연이나 무례한 행동으로 퇴학 되었다고 하는 아이들도 사실은 그 이상의 불량행동을 숨기고 있는 경우도 많았다. 친구 사이에 폭력을 사용한 학생도 많았는데, 수천만 원의 배상금을 물어준 사람도 있었고, 폭행으로 처벌을 받고 다시 그 친구에게 보복폭행을 한 아이도 있었다. 심지어 자기가 때려서 입원시킨 아이를 그 병원 앞에 불러내서 더 때린 아이도 있었다. 조직 비슷한 것을 만든 아이도 있었고, 불량 어른들 조직에 가까이 간 아이도 있었다. 학원 옆의 골목에서 잔돈 뜯는 일은 오히려 드문 일이었다.

정말 진지하게 고민해 보았다. 왜 이 아이들은 폭력을 쓰는 것일까. 폭행 가해 아이들과 면담하고, 관찰하고, 혼내고, 용서하고, 공감하고 마침내 그 아이들이 변하는 것을 보면서, 결국 이해하는 것은 그 아이들이 착하다는 것이었다. 인정받고 싶은, 겁많은 아이들이 폭력을 쓰는 것이었다. 폭력을 써서 소외되므로 더 폭력을 썼다. 이 악순환이 끊어지지 않는 것이 가장 안타까웠다. 경찰, 검찰, 교육청, 시청 등의 기관과 업무협약을 하고 곳곳의 상담센터와 연결했지만, 우리 사회에는 우리가 해결할 수 없는 일이 너무 많았다. 우리 선생님들에게는 학생들의 사생활에 너무 개입하지 말라고 했다. 순진해빠진 선생님들보다는 우리 아이들이 훨씬 더 사회적이었기 때문이었다. 잘못하면 선생님들이 감당하지 못하는 문제로 괴로워질 수도 있었다. 그래도 선생님들은 나 모르게 아이들을 만나고 상담하고, 심지어 선생님이 자취하는 방에 아이를 일시적으로 재우면서까지 바로잡으려고 애를 썼다. 고맙지만 위험한 일이었다.

좋지 못한 사회적 경험이 쌓인 아이들은 거의 모두 문제 행동을 보였다. 그들은 아주 쉽게 거짓말을 했고, 거짓말 말라고 하면 화를 냈고, 자존심이 상한다고 학교를 버렸다. 여선생님께 밤길 조심하라고 말하기도 했고, 남선생님께 은근히 힘으로 협박하기도 했다. 심지어 나를 때리겠다고 말한 아이도 있었다. 남자아이와 여자아이가 너무나 쉽게 사귀기 시작하고 그만큼 쉽게 헤어지기도 했다. 겨우 열 명 남짓한 학교에 여학생과 그의 전 남친과 현 남친이 함께 있는 기묘한 일도 있었다.

가정 문제로 학업을 중단한 아이들은 정말 안타까운 피해자였다. 이혼하는 부모들은 대부분 자녀를 잘 책임지지만, 가끔 손을 놓아버리는 이들도 있었다. 그러면 아이들은 그냥 위험에 노출되었다. 아이들은 외롭고 두려워서 당황한 행동을 했다. 절제가 없는 생활은 기본이고, 물건을 훔치거나 빼앗기도 하고 너무 일찍 임신하여 미혼부나 미혼모가 되기도 했다. 그 아이들이 자신을 아끼고 소중히 여기게 하는 일은 참 어려웠다. 보호나 배려를 받은 기억이 잘 없는 아이들은, 살갑게 대하는 사람을 배척하는 경향도 있었다.

질병으로 휴학을 해도 학교로 돌아가기는 어려웠다. 우리나라 학교는 학년 급별로 연령서열이 있어서, 복학생은 원소속 학년도 아니고 신소속 학년도 아닌 어정쩡한 상태에 있는 경우가 많았다. 후배인 친구들은 선배 대접을 안 했고, 가끔 후배에게 모욕도 당하면 아이들은 참아내지 못했다.
부모가 자녀를 자신의 가치관으로 기르기 위해 학교 밖으로 불러내는 경우도 어려운 문제였다. 홈스쿨링은 정규학교보다 어려운 학습방법인데, 준비 없이 퇴학부터 시키고는 감당을 못하는 경우가 많았다. 종교적으로 집단생활을 시키거나 동남아 등의 선교학교에 보내거나 하는 방법을 썼다가, 나쁜 버릇만 들여서 귀국시킨 경우도 학생이 피해자였다.

그리고 실은, 우리에게 오는 대부분의 아이들은 늘 이탈할 가능성이 있었다. 선생님께 대들고 선생님을 무시하고, 수업 시간에 딴짓을 하고, 학교에 안 나오고, 나왔다가 마음대로 가버리곤 했다. 학교 밖의 친구들과 연결되어 사라질 때는 반드시 전화를 끄고 잠수했다. 이해는 되지만 대책은 없었다. 학교를 떠나는 아이들은 거의 동일한 단계를 거쳤다. 학교에 나오다가, 자기가 다치거나 가족이 아프거나 친구가 위험하다는 등 핑계가 많아지면 이탈이 시작되었다. 이유 있는 결석 다음에 이유 없는 결석이 있고, 출석보다 결석이 많아지다가 갑자기 전화를 안 받곤 했다. 우리 선생님들은 온갖 방법을 다 써서 아이들을 이끌어 가려고 했지만, 그 아이들에게는 학교 밖의 유혹이 훨씬 강했다. 별로 크지 않은 약속이나 제안에도, 아이들은 간단하게 자유학교를 버렸다.

그러다가 어떤 아이는 돌아오기도 했고, 온갖 약속을 다 하고 돌아왔다가 약속을 어기고 달아나 버리기도 했다. 교장하고 마주 소리를 지르던 여학생은, 교장과 수없이 싸우고 세 번을 쫓겨나고 다시 학교로 왔다. 그는 결국 검정고시에 합격했다. 돌아오는 아이는 다 받아들여졌다. 선생님들은 가끔 더 혼내주자고도 했지만, 결국 우리에게 오는 아이들을 받지 않을 수는 없었다.

이렇게 싸움 싸움해서 간신히 붙들어도 아이들은 헌 옷에 바람 새듯이 떠나갔다. 우리와 한 번이라도 만난 아이들 500여 명 중에서 결국 다시 떠나버린 아이들이 200여 명이었다. 그리고 남은 300여 명이 졸업자격을 획득했다. 우리를 떠나지 않고 남은 아이들은 거의 전원이 검정고시에 합격했다. 우리 선생님들은 몇 번을 불합격한 단 한 명의 합격을 위해 5명으로 태스크포스팀을 조직한 적도 있었다. 대학생으로서의 방학도 포기하고 바닥부터 끌어올리는 선생님들의 노력으로 그 아이들은 결국 합격했다. 그리고 검정고시 날 선생님들과 1박 2일로 물놀이를 갔다.

그러나, 남은 아이들 중에서 검정고시에 합격하지 못한 아이가 지금까지 4명이 있었다. 이름도 얼굴도 하나하나 기억나는 그 아이들은, 성격이 착하고 공부하고자 하는 마음도 있었지만 학습능력이 안 되는 아이들이었다. 정규학교는 학습부진아 또는 학습 부적응자라고 이름을 붙여서 그들을 학교 밖으로 내보냈다. 우리 선생님들은 그들을 위해 모든 노력을 했지만 결국 우리 능력을 넘어서는 일이었다. 참 안타까운 일이었다. 나는 아직도 그들 생각만 하면 속이 상한다.

이런 여러 아이들이 자유학교에서 다시 도전했다. 수많은 다툼과 밀고 당기기가 있었지만, 결국 아이들은 우리 선생님들과 신발 끈을 다시 조여 매고 출발선에 섰다.
당시에 우리가 만든 구호가 **"우리는 패자부활전으로 우승까지 간다."** 였다.

그리고, 아이들은 마침내 승리했다. 검정고시에 합격하고 대학에 합격한 아이들만 승리한 것이 아니었다. 자기 힘으로 싸워 이긴 경험으로 우리 아이들은 승리했다.

우리는 학생들에게 졸업하면 우리를 잊으라고 했다. 어두운 청춘시절을 잊고 새 삶으로 나아가라는 간절한 축원이었다. 그래도 아이들은 가끔 찾아와서 그들의 오늘을 들려주곤 했다.

검정고시에 함께 합격한 건강한 악동 친구들은 그토록 원하던 해병대에 지원했고, 우렁찬 청년이 되어 내게 경례를 붙였다. 체력 좋은 어떤 여학생은 육군 부사관이 되어 딴딴한 하사로 나타났다. 또 다른 많은 아이들은 대학생이 되었고, 회사원이 되었고, 죽도시장에서 건어물을 싣고 달리고, 배달 회사에서 택배원을 관리한다. 어떤 아이는 신문사의 기자가 되었고, 피자 회사의 마스터가 되었고, 호텔 양식당에서 세프의 길을 가고 있다. 그림을 그리던 어떤 아이는 디자인학과 대학원생이 되었고, 어떤 여학생은 그렇게 원하던 간호사가 되었고, 어떤 남학생은 대학병원의 남자간호사가 되었다. 이렇게 수많은 우리 아이들은 지금 우리 곁에서 건강한 청년으로 살아가고 있다.

지금 소식을 알지 못하는 별들이 많다. 우리가 알든 모르든 그들은 각자의 자리에서 빛나고 있을 것이다. 그들은 스스로 가장 빛나는 방법을 찾았고, 우리는 그 빛이 반짝이기 시작하는 장면을 보는 영광을 얻었다.

3. 우리는 아직 문 닫을 수 없다

나는 우리 나이로 45세에 자유학교를 시작하여 지금 65세가 되었다. 그간 정말 신나고 복된 일이 많았다. 나는 정말 행복한 선생이었다. 날마다 아무한테나 자유학교 이야기를 하고 싶은데, 그러면 아무래도 스스로 자랑하는 티가 너무 많이 난다. 표시가 안 나게 자기자랑을 하는 방법을 못 찾아서 자주 낯이 뜨겁다. 그래도 나는 이 즐거운 일이 계속되기를 기대한다. 우리가 필요 없는 나라가 되면 좋겠지만, 그러기까지는 이 일이 계속되어야 한다고 생각한다.

2016년이 또 안식년이었다. 그때 2009년의 일이 생각났다. 당시에 교장을 유상원 선생님께 맡기고 나 스스로 교감을 맡았는데, 사람들이 나를 교감이라고 부르는 것이 이상하게도 섭섭했다. 가소로운 일이었다. 내가 이렇게 수준 낮은 사람이라는 것이 놀랍고 아팠다.
그때부터 나와 학교를 분리하는 노력이 시작되었다. 가장 쉬운 방법이 학교를 법인으로 등록하고 모든 재산과 책임을 법인에 헌납하는 것이었다. 법인을 등록하는 일은 해 본 사람만 아는 자갈밭 길이었다. 법률전문가에게 의뢰하면 쉬울 테지만, 그런 돈이 있으면 달리 쓸 곳이 많았다. 무지한 민간인이 스스로 법인을 만드는 것은, 홍해를 건너고 광야를 지났는데 다시 홍해 저편까지 갔다 와야 하는 정도의 싸움이었다. 법인이 되는 조건은 엄청나게 까다로웠고, 담당 공무원은 엄격했고, 후임 공무원은 전임자의 업무 진도를 몰랐고, 그의 상급 공무원은 느긋했고,

포항청소년자유학교(교장 김윤규)가 개교 18주년을 맞았다.

김윤규 한동대 교수(글로벌리더십학부)가 2001년 3월 포항문화원 한 칸에서 문을 열었다. 이런 저런 이유로 중·고등학교를 그만 둔 청소년들의 꿈을 찾아 주기 위해서였다.

18년의 세월동안 이 학교를 다닌 청소년은 500명가량에 이른다. 이중 260여명이 중졸검정고시와 고졸검정고시에 합격했고, 이중 110명이 대학에 진학했다. 교사, 간호사, 육군 부사관, 회사원, 자영업 등으로 사회에 진출한 학생들도 많다. 이 기간 700명의 교사들이 아이들을 지도했다.

현재 고졸 검정고시반 4개 반을 운영하고 있다. 이곳에서 23명이 꿈을 키우고 있다. 중졸 검정고시반과 중·고생 위탁반은 운영을 중단했다. 중학생이 의무교육으로 바뀌면서 입학 학생이 없기 때문이다.

한동대 학생 51명이 주 1회 2시간씩 순번제로 교사로 무료 봉사하고 있다. 여름방학도 겨울방학도 없다. 매년 4월과 8월 두 차례 검정고시가 실시되기기 때문이다.

이 학교의 모든 학생은 학비를 내지 않고, 모든 교사는 보수를 받지 않고 있다.

지난 2000년 청소년 대안학교 준비모임을 만든 김 교수는 한동대 학생 43명과 함께 방황하는 청소년들의 둥지를 만들기에 뜻을 모은다. 이렇게 해서 1년여의 준비 끝에 2001년 탄생한 것이 청소년자유학교. 방황하는 청소년들을 위한 가장 좋은 사회안전망인 새로운 교육 기회를 열어주고 있다는 전문가들의 호평과 함께 각 학교와 교육청으로부터 열렬한 환영을 받는다. 2004년부터는 대안학교로 지정되어 위탁교육도 받고 있다.

그는 "`대안학교 없는 도시 만들기`가 목표"라며 "앞으로 비행 청소년들이 없는 지역을 만드는 과제가 남았다"고 했다.

청소년 자유학교는 김 교수의 부드러운 교육 방침과 교사들의 치밀한 교육방식으로 비행청소년들의 `둥지`로 자리매김해 왔고, 그동안 100명의 아이들이 중·고 검정고시를 거쳐 대학에 입학하거나 취직해 `건전한 사회인`으로 살아가고 있다.

"성인들에게 소원이 무엇이냐 물으면 `20대로 다시 돌아가고 싶다`라는 답을 자주 만날 수 있습니다. 하지만 돌아갈 수 없지 않습니까. 여러 이유로 학교에 적응하지 못하고 범죄를 저지르고 집에 틀어박혀 외롭게 청소년기를 보내는 그 아이들을 도와주면 내가 20살 인생을 다시 사는 것과 똑같지 않은가요"

청소년 자유학교는 경남 김해에 있는 합숙형 대안학교인 `샘터학교`등 다른 대안학교와 달리 전액 무료이다.

비행청소년들과 학교 부적응 학생들 대부분 형편이 어려운 계층에 속해 있다는 현실에서 이 학교는 더욱 박수갈채를 받고 있다.

"이 학교에 오는 학생들은 이젠 더이상 문제학생들이 아닙니다. 학생들은 학교에서 전문교육을 받으면서 달라지고 있고 교육재활의 의지가 점점 많아져 차근차근 공부를 시작하고 있습니다. 이곳에서는 학업과 생활교정을 병행할 수 있어 재학생의 80% 가량은 상급학교로 진학하는 등 성공적으로 운영되고 있습니다"

법원 공무원은 교만했고 법무사는 불친절했다. 제출과 반려와 보완지시를 거의 반년간 반복하고 마침내 법인으로 인가받아 등록했다. 나는 이제야 1/7의 이사로 풀려났다. 그게 내 환갑 때인 2017년이었다. 이제 자유학교는 내 걱정을 떠나 법인이 운영하게 되었다. 이렇게 하여 나는 마음 놓고 물러날 수도 있고, 부르시면 죽을 수도 있게 되었다.

2019년에 나는 교장을 물러났다. 교감 선생님들께 다음 교장을 선임해 달라고 요청했고, 선생님들은 유상원 선생님을 교장으로 세웠다. 그러면서 새 교장이 너무 힘들 것을 염려해서 임무를 나눠 맡아주기로 했다. 손화철 선생님이 한동대학교 선생님들을 지도하고 교육과정을 맡았고, 이중섭 선생님이 재정과 공동체 선생님 운영을 맡았다. 그리고 정기적으로 회의하면서 학교를 운영하고 있다.

2020년에 코로나-19가 창궐하면서 정규학교에 대면 수업이 어려워지자 퇴학생이 발생하지 않았다. 그간에 있던 학생들은 그해 검정고시에 다 합격해버려서 2학기를 시작할 때에는 학생이 1명뿐이었다. 이러다가는 드디어 우리가 꿈꾸던 폐교가 되는가 하고 긴장했다. 그러나 차츰 학생은 늘었다. 결국 우리를 필요로 하는 청소년은 아직도 많았다. 우리 선생님들은 모든 학생에게 개인용 노트북컴퓨터를 임대해 주면서 비대면 수업을 진행했고, 나라에서 허락하면 대면 수업을 진행했다. 2020년은 학생 9명으로 겨울방학을 했다.

2021년이 되었지만 여전히 코로나-19의 위험이 상존하고 있었다. 우리 선생님들은 세심히 조심하면서 수업을 진행하고 있다. 새해에도 학생은 늘어나고 있고 신입교사 모집은 또 경쟁이 심할 정도로 성황을 이루었다. 아직도 저녁마다 포항 동빈동의 한 작은 학교에서는, 교실마다 아이들과 겨루는 선생님들의 입씨름과 수십 명의 저녁밥을 짓는 선생님들의 웃음소리가 동네를 자글자글 살아나게 하고 있다.

개교한 지 만 20년이 된 2021년, 우리는 아직 폐교하지 못하고 있다.

3장.

당신의 자유학교

1. 비정규학교 설립과 운영

자유학교를 운영하는 동안 정말 많은 질문을 받았습니다. 그중 많은 분들은, 자기도 대안학교를 운영하고 싶은데 어떻게 시작하고 어떻게 운영하는가를 물었습니다. 매번 일일이 대답해 드릴 수 없으므로, 그간 말씀드린 내용을 여기서 대강 정리하고자 합니다. 결코 정답이 아니지만, 20년간 걸어온 것이 참고가 되었으면 해서 기록해 둡니다.

대안학교에 대해서

대안학교라는 것은 이름 그대로, 현재 통용되는 방안을 대신할 수 있는 방안으로 운영하는 학교라는 뜻입니다. 영어로 Alternative School이라고 쓰는 것을 번역한 것입니다. 그러므로 공교육이 있는 나라에서 대안학교를 생각한다는 것은 공교육에 대해 불만 또는 다른 의견을 가졌다는 것을 전제합니다.

우리나라의 경우 대안학교들은 각자의 지향에 따라서, 영재지향교육, 친자연활동교육, 외국어집중교육, 특정신앙교육, 개성존중교육, 예체능특기교육, 복고적전통교육 등 다양한 내용과 형식을 가지고 운영되고 있습니다. 이들은 공교육이 자신들이 중요시하는 가치를 충분히 교육하지 못하고 있다는 판단을 가지고, 그 가치를 좀 더 잘 가르치고 실천하는 것을 대안으로 제시하고 있는 것입니다.

이런 유형의 대안학교들은 모두 등록금을 받아야 운영할 수 있습니다. 정규학교로 인가를 받으면 좋겠지만, 대안학교는 대부분 학교로 인가되지 못합니다. 그러면 학교운영비용을 지원받을 수가 없고, 그 비용 전체를 학생들의 등록금으로 채워야 합니다. 대안학교가 등록금을 너무 많이 받는다고 하는데, 많이 받기도 하지만 실제로 비용이 많이 들기도 할 것입니다. 다만, 일부 대안학교는 필요 이상의 비용을 받는 느낌이 있기는 합니다.

이렇게 공교육 이상의 목표를 가진 대안학교는 수월형 대안학교라고 부를 수 있을 것입니다.

저는 사범대학을 나와서 중고등학교 교사를 하다가 대학으로 옮겼습니다. 저는 우리나라 공교육이 잘 운영되고 있다고 생각합니다. 아마 전 세계적으로도 우리나라 교육을 본받으려는 이들이 많을 것입니다. 다만 어떤 신념을 가진 분들에게는 불만족스러울 것이라는 점을 이해합니다. 그리고 그분들이 대안학교를 꿈꾸시는 것도 이해합니다. 그러나 공교육에서 밀려난 사람들이 최소한 그 일반적이고 평범한 흐름에라도 편입되고자 하는 학교는, 보통의 대안학교와는 목적과 성격이 거의 반대쪽에 있습니다.

이런 경우 대상 학생들은 거의 모두 사회 부적응 상태에 있습니다. 불량이나 부진이나 부적응이라는 말은, 일반적인 기준을 충족하지 못하는 이들을 배제하는 개념어입니다. 청소년으로서 이런 말에 해당되는 학생들은 공교육에서 밀려납니다. 혹시 부적응이나 불량행동으로 스스로 빠져나왔다고 하더라도, 외형적으로는 자퇴인 것 같지만, 결국은 사회가 그를 배제한 것입니다.

이들은 거의 다 경제적으로 최하위 근처에 있습니다. 이들에게 교육비를 징수하는 것은 불가능하고 부도덕합니다.

이렇게 공교육에 들기를 목표로 하는 경우를 보완형 대안학교라고 부를 수 있을 것입니다. 청소년자유학교는 여기 속합니다.

2. 청소년 자유학교의 경우

운영의 방침

1. 사업의 목적과 성격을 확실하게 했습니다. 운영을 시작하고부터 매번 목적과 추진방향을 점검하면서 지금까지 왔습니다. 만약 일의 목적과 성격이 틀렸음을 깨달았다면 중도에라도 사업을 포기했을 것입니다.

2. 유능하고 호의적인 인재를 확보하기로 했습니다. 그러나 아주 조심했습니다. 경력과 능력이 탁월한 좋은 분들은 우리 일에 큰 도움을 줄 수 있지만 그 유능하고 선함 때문에 사업의 본 줄기를 흔들 수 있기 때문입니다.

3. 온전히 내 것이 아닌 돈은 확실히 사양했습니다. 기부되는 돈도 극도로 조심했습니다. 사업의 결정에 영향을 줄 수 있는 돈은 반드시 거절했습니다. 공공예산이나 공인된 봉사단체의 도움 이외에는 자립한다고 각오했습니다.

학교 운영의 기본 방향

1. 자유학교의 학생은 학비를 내지 않는다.

2. 자유학교의 교사는 보수를 받지 않는다.

3. 모든 운영비는 교장이(지금은 법인이) 마련한다.
4. 어떤 경우에도 이익을 추구하지 않는다.

학교 운영의 실제

학비는 완전 무료로 했습니다. 개교하던 당시에, 학생에게 약간의 학비를 받는 것이 학생의 소속감을 높이고 돈아까운 감정을 자극하여 출석에 도움이 될 것이라는 논의가 있었습니다. 그러나, 전적으로 무비용으로 기회를 제공하겠다는 우리의 의도가 훼손되는 데다, 그 작은 돈조차 마련하지 못할 학생의 박탈감도 염려되고, 어쩌면 그 돈 때문에 기회를 잃게 될 한 사람이 아까워서 포기했습니다.

교사에게는 어떤 이익도 주지 않겠다고 선언했습니다. 봉사하기 위해 경제적 손해가 나는 경우에 참 미안했지만, 근본적으로 무급 봉사라는 점을 선명히 하는 것이 옳았습니다.

재정은 운영자가 스스로 감당할 각오를 해야 합니다. 그러나, 이런 활동을 하다가 운영자의 살림이 망하면 일을 망치게 됩니다. 재정투입은 개인적으로 크게 다치지 않을 정도에서 그치고, 확보되는 도움도 최대한 절제하면서 운영해야 합니다. 2021년 현재 경상북도와 포항시에서 비정규학교 지원금이 있고 경상북도 교육청에서 학교밖청소년활동 지원금이 있습니다. 그 밖에 가끔 교육부나 청소년재단 등에서 공모사업 형식의 지원금이 드물게 있습니다.

법인을 만들 때 처음 정한 정관에는, "이 법인과 이 법인이 운영하는 학교로 인해 개인이 이익을 얻는 것을 금지한다."라는 조항이 있었습니다. 나중에 공무원에 의해 정관에서는 삭제되었지만, 이 태도는 엄격하게 지켜 왔습니다. 그래도 뜻하지 않은 명예나 사회적 이익이 가끔 생기기는 했습니다.
혹시 종교적 목적을 전제하여 대안학교를 구상하시는 분에게는 제가 전혀 도움이 되지 않을 것입니다. 저는 예수교 장로회 소속교회의 장로이지만 자유학교를 미션스쿨로 운영하지 않았습니다. 제 믿음이 부족한 탓입니다만, 저는 교육적 목적에만 충실하려고 했습니다. 그들에게 신앙심이 생기거나 강해지는 것은 오직 하나님의 뜻이라고 생각했습니다.

교사 조직과 운영

대학생 교사는 전적으로 자율적인 선발과 조직을 유도했습니다. 동아리를 조직하게 하고, 동아리 차원에서 신입회원을 선발하고 연수해서 교사로 육성하게 했습니다. 대학생교사로 인력을 운영할 경우에는 교사모임이 되기 전에 대학생동아리의 성격을 갖도록 하는 것이 효율적이었습니다. 청년들의 친목활동까지 교사활동으로 관리하는 것은 어려웠습니다.

교사로 임명되면 전권을 주었습니다. 교육과정 편성과 교육과정 운영부터 필수적인 비용 운영까지 모두 대학생 교사들께 위임했습니다. 교사대표를 정하거나 보직교사를 선출하는 일도 전적으로 교사회의에서 이루어졌습니다. 그러나 모든 책임은 교장이 진다는 것을 확실히 했습니다. 그래야 주어진 권한을 남용하지 않습니다.

자유학교의 교사가 되겠다고 오는 사회인들이 매우 많았지만, 거의 모두 거절했습니다. 대학생보다 훨씬 높은 학력과 경력을 가진 분들도 모두 거절했습니다. 교사선발권이 교사 동아리에 있었기 때문입니다. 다만 교장도 거절하기 어려운 경우와 학교에 꼭 필요하여 부탁드린 사회인 몇 분이 교사를 하신 적이 있었습니다. 그런 경우에는 대학생 교사들에게 설명하고 양해를 구했습니다. 그리고 그분들은 활동한 기간이 매우 짧았습니다.

대학생 교사들은 재직기간이 짧았습니다. 최단 1학기에서 최장 8학기까지, 대체로 3학기 전후로 활동이 끝났습니다. 그러므로 교육활동의 연계가 낮았고, 앞선 성과가 전달되지 않는 어려움이 있었습니다. 이를 위해 모든 교육활동은 인터넷 페이지에 기록되도록 했습니다. 모든 교사들은 자신의 활동을 당일 이내로 인터넷에 보고하고, 그것은 일정한 묶음으로 보관되도록 하고 있습니다. 시간이 지나면서 선생님들의 축적된 기록물이 학교의 지혜가 되고, 그것이 학생들에게 효율적으로 전해지면 성과로 나타나게 되었습니다.

사회인 교사들의 경우, 앞서도 말한 것처럼, 우리 사회에는 할 일을 찾지 못한 우수한 유휴 능력자들이 있습니다. 어떤 분들은 대학의 교수님이거나 거의 박사급의 학력이나 교장급의 경력을 가졌거나, 기독교적으로는 교회 목사님이나 사모님 또는 권사님인 경우도 많습니다. 좋기는, 그런 분들이 학력과 경력에 적합한 봉사처를 찾는 것입니다. 그러나 그런 일들은 거의 없습니다. 이런 경우에 자유학교 정도의 명분과 보람을 제공하는 봉사처는 매우 매력적입니다. 그러므로 많은 지원자가 있습니다. 그러나 봉사자로 모시는 분은 지극히 한정적입니다. 탐나는 인재라고 무작정 모시는 것은 학교 전체를 혼란하게 할 수 있습니다. 반드시 학교의 필요에 따라 그 역할만을 담당하시기로 하고 모시는 것이 좋습니다.

후원관리

일단, 후원은 받지 않는 것을 원칙으로 했습니다. 제가 근무하는 대학에서도, 후원금에는 거의 영향력이나 이권이 따라오는 것을 봤습니다. 다행히 야학 정도에 이권을 청탁하는 분들은 별로 없지만, 그래도 최소한 영향을 미치려고 하는 분들은 많습니다. 특히 이렇게 작은 집단일 경우에는, 외부로부터 영향력이 가해지면 전체 방향이 흔들릴 수도 있습니다. 힘없는 단체일수록 성격은 선명히 하는 것이 좋을 것입니다. 후원은 뒤에서 돕는다는 뜻입니다. 후원자가 주고 싶다고 다 받는 것이 아니라, 운영자가 필요하면 받는 것입니다. 결정권의 아주 작은 일부라도 후원자와 공유하는 것은 매우 위험한 일입니다.

그러나 호의적인 후원까지 거절할 수는 없습니다. 학교 운영에 후원이 필요하기도 하고, 선의를 거절하는 것은 그분들의 기회를 막는 것이 되므로 교만하다는 생각도 했습니다. 그래서 지난 20년 동안 후원을 받은 경우가 여러 번 있었습니다. 이 경우에도, 후원 여부는 받는 쪽에서 결정한다는 자세를 유지했습니다.

기독교 교회 또는 기독교 단체에서 후원할 경우, 운영자가 기독교인이기 때문에 거절하지 못한 경우가 많았습니다. 현금 후원은 거의 없고, 대부분은 현물 후원인데, 추수감사절이 지나면 쌀이나 라면, 성탄절이 가까우면 과자나 라면, 특별한 일이 있으면 피자나 라면을 주로 후원했습니다. 21세기 대한민국의 청소년에게 구황식품을 후원하시는 남다른 감각에 놀랐습니다.

봉사단체에서 후원하실 경우에도 주체적인 결정이 필요했습니다. 로타리나 라이온스나 제이씨 등에서 연락이 와서 후원사업이 시작되면, 우리에게 필요한 물품이나 시설이 아니라 그분들이 주고싶은 것을 주려고 하는 경우가 많았습니다. 저는 받고싶은 것을 우리가 정하겠다고 다투었습니다. 심지어 화를 내기도 했습니다. 실제로 결국 취소한 분들도 있었지만, 대부분은 우리 필요에 맞출 수 있었습니다.

개인적으로 후원하시는 분들은, 가볍게 주실 수 있는 선에서만 받았습니다. 금액이 과하거나 힘들어보이는 경우에는 반드시 사양했습니다. 후원금은 소액이라도 월정액이 좋았습니다. 월정액인 경우, 계획을 세울 수 있고 다음 달의 살림을 예측할 수 있었으므로, 안정된 프로그램을 운영할 수 있었습니다. 일시적으로 많은 금액을 후원하시는 경우는, 생각보다 큰 도움이 되지 않았습니다.

3. 간단한 Q&A

Q 1. 대안학교라는 것이 무엇인가?

A 1. 대안학교에 대해서는 여러 가지 정의가 있을 수 있습니다. 대안이라는 말 그대로, 현재의 일반적인 학교와 구별되는 목표나 실천내용을 가진 학교입니다. 내용상으로는, 정규학교보다 특성화되었거나 우수하려는 목표를 가진 경우와, 정규학교에서 배제된 청소년을 위해 최소한의 정규교육을 지향하는 경우로 나뉠 수 있습니다.

형식상으로는, 정규 중고등학교가 아닌 모든 비정규학교가 다 대안학교입니다. 그 중에서 학력인정대안학교는 교육부에서 졸업학력을 인정하는 학교입니다. 그 외의 학교는 졸업자격검정고시에 합격해야 하는 비정규학교입니다.

자유학교는, 부디 공교육이라도 받게 하고 싶은 아이들에게 겨우 검정고시라도 합격시키려는 학교입니다. 정규학교보다 더 나은 교육을 지향하시는 분은 다른 분들께 도움을 받으시기 바랍니다.

Q 2. 대안학교는 어떻게 설립하는가?

A 2. 학력인정대안학교를 설립하기 위해서는 교육청과 협의하여 인가를 받아야 합니다. 조건이 매우 많습니다. 학력비인정 비정규학교를 설

립하는 것은 특별한 조건이나 규제가 없습니다. 설립하려는 사람이 가르칠 사람을 모집하고 장소를 정하여 학생을 모아 가르치면 됩니다. 달리 무슨 조건이 없습니다. 단, 학습자에게서 돈을 받아서는 안 됩니다. 교육비를 받아서 대안학교를 운영하시려는 분에게는 저희가 도움이 되지 않습니다.

Q 3. 법인은 어떻게 설립하는가?

A 3. 비정규학교는 학교법인으로 인가되지 않습니다. 사단법인은 될 수 있습니다. 사단법인이 되기 위해서 관할관청(도청이나 시청 등)의 해당 부서(여성가족부서, 청소년교육부서, 주민복지부서 등)와 협의하면 법인 인가서류목록을 제공합니다. 법인 설립주체가 모여서 정관을 제정하고 기금을 모으고 예산을 짜고 운영계획을 만들어서 관청에 제출하면 여러 번의 수정과 재수정을 거쳐 법인설립허가를 해줍니다. 그러면 그 허가증을 가지고 법원에 가거나 법무사에게 가면 등기를 하도록 도와줍니다. 큰 돈은 들지 않으나 요건이 까다롭습니다.

Q 4. 법인이 아니면 운영할 수 없는가?

A 4. 비정규학교를 운영하는 데에 반드시 법인일 필요는 없습니다. 다만, 기부금품을 받거나 법률적 활동을 하려면 법인인 것이 효과적입니다. 특히 개인이 학교를 사유화하려고 하거나 개인적으로 학교를 도구화하려할 때에, 법인이사회가 있으면 견제가 가능합니다. 또한 정부나 공공기관에서 학업중단청소년 지원을 위한 프로젝트 등을 모집할 때

에 법인자격을 요구하기도 합니다. 그러나 대부분의 경우에는 반드시 법인이라야 되는 것은 아닙니다.

Q 5. 법인이 아니면 어떻게 운영하는가?

A 5. 관할 세무서에 가서 비영리사회단체 고유번호증을 신청하면 됩니다. 그러면 구비서류를 가르쳐 줍니다. 회원의 명단과 회칙과 목적과 활동내역 등을 제출하면 법인이 아닌 법인격이라는 자격으로 고유번호증을 내줍니다. 대부분의 공적 활동은 이 고유번호로 응할 수 있습니다.

자유학교 사람들

1. 사실들

청소년 자유학교

개교 | 2001년 3월 12일

위치 | 2001년. 경상북도 포항시 북구 덕수동 55-3 당시 포항문화원

2002~2006년. 경상북도 포항시 북구 대흥동 719-117 2층

2007~현재. 경상북도 포항시 북구 동빈 1가 74-32 구 화교소학교

(경상북도 포항시 북구 삼호로 46번길 3-2)

설립 주체 | 청소년 자유학교 설립모임(대표 김윤규)

운영 주체 | 사단법인 자유학교

학교 자격 | 비정규 대안학교

교장 |

김윤규 2001년, 2003~2008년, 2010~2015년, 2017~2019년

이상은 2002년

유상원 2009년, 2016년, 2020년~현재

교감 |

설립 당시 : 이상은, 권영준, 김두명, 이권주, 이기호, 이호준, 황병숙

이후 참여 : 이영률, 김용국, 김준형, 하종곤, 류대영, 신기철
유상원, 이순애, 손화철, 이중섭, 박진선, 정명화

현재 교감 : 이호준, 이순애, 손화철, 이중섭, 박진선, 정명화

사단법인 자유학교

설립 인가 | 2017년 12월 5일 (경상북도지사)

법인 등기 | 2017년 12월 14일 (대구지방법원 포항지원)

비영리법인 고유번호 | 552-82-00190 (포항세무서장)

법인이사 | 김윤규 손화철 유상원 이순애 이중섭

법인감사 | 이호준 박진선

2021년 현재 보직교사

직책	성명 (한동대학교 학번)	
	1학기	2학기
교무부장	김의겸(14)	정수현(17)
교무과장	김현채(17)	조영찬(18)
연구과장	정예나(19)	조은비(20)
학생과장	정수현(17)	김지수(20)
총무과장	홍수민(19)	홍수민(19)
협력과장	강혜원(17)	박채운(16)
서기	조은비(20)	서예은(18)

칭찬들

2004년 11월 MBC 삼일문화대상 사회봉사상 수상

2008년 11월 아산상 청년봉사상 수상

2009년 12월 교육과학기술부장관 교육유공 표창

2014년 12월 교육부 교육기부동아리 지정

2018년 5월 여성가족부장관 교육유공 표창

2. 명예의 전당

2001년 이후 현재까지의 대학생 교사명단이 정리되어 있다.
그간의 교사명단을 보관하는 인터넷 페이지는 다음과 같다.

한동대학교 히스넷 i3 → 한동대학교 히스넷 i7 → daum카페 자유학교 → 싸이월드 청소년자유학교선생님 → 네이버카페 청소년자유학교

변화가 많았으므로 정확하지 않을 수 있다. 일단 선생님들이 가지고 있는 대로 수록하고, 틀린 부분을 지적해 주시면 수정하기로 한다.
혹시 이름이 빠졌거나 수록에 동의하지 않는 분께는 매우 죄송하다는 말씀을 드린다.

연도 -학기	성명	연인원
2001 -1	곽혜진 구인애 기정호 김경민 김경탁 김두명 김모민 김민경 김부열 김상아 김순희 김옥관 김은혜 김준우 김태건 문형철 박예철 박지은 박혜경 배은실 배장호 백승우 백예인 신민영 오이정 우철원 윤기숙 윤인주 이경황 이광훈 이권주 이기호 이신기 이영률 이영주 이은경 이인환 이재현 이중섭 이호은 이현 임이레 임해수 장소영 정소영 정은진 정재영 정주영 조규성 조소영 조형철 최정환 최진나 한효석 황병숙 (55명)	96

연도-학기	성명	연인원
2001-2	강수연 강윤주 김관동 김병희 김보희 김부열 김상아 김완진 김준우 김지혜 모상현 민병하 박예철 박재경 박혜경 배장호 백예인 변도근 선상원 엄태준 오민정 오이정환 유경진 윤수경 이동영 이미주 이새순 이신기 이호은 임이레 정원지 정은진 정의홍 정주영 정지연 조규성 조형철 최우영 최성훈 하동권 허인애 (41명)	
2002-1	권순범 김나무 김동준 김병희 김윤주 김태완 김준우 김창모 모상현 박아름 박재경 변도근 백승우 송준영 엄태준 엄윤정 오이정환 윤길열 이새순 이인환 이중렬 이호진 이효정 정원지 정의홍 정은진 정지연 조재신 조형철 최종석 최영 최우영 최철희 최치권 추희천 호희재 (36명)	72
2002-2	권순범 김나무 김동준 김병희 김윤주 김태완 김준우 김창모 모상현 박아름 박재경 변도근 백승우 송준영 엄태준 엄윤정 오이정환 윤길열 이새순 이인환 이중렬 이호진 이효정 정원지 정의홍 정은진 정지연 조재신 조형철 최종석 최영 최우영 최철희 최치권 추희천 호희재 (36명)	
2003-1	김명헌 김준우 김창규 모상현 박강성 박정무 송홍기 양상식 여은진 유상원 이동준 이혜민 전혁준 정연화 지상우 한웅 허영조 홍슬기 (18명)	64
2003-2	김도현 김영진 김은혜 김정두 김주영 김준우 김지현 김진영 김창규 김태일 류지윤 문영희 민영희 박강성 박아름 박정근 박주삼 안영은 양상식 유민음 유상원	

연도-학기	성명	연인원
2003-2	유인재 유정인 위아해 이동준 이상빈 이송찬 이영민 이정섭 이혜민 전상희 정규열 정성욱 정은규 조은숙 지상우 차장혁 최기운 최영 최치권 최현식 최혜선 최희규 한영훈 한효석 한표욱 (46명)	
2004-1	김지현 노미은 민영희 박아름 박정무 백예인 변도근 신은주 양상식 유상원 유정인 원은혜 위아해 이상빈 이은진 이정섭 이혜민 조은숙 지상우 차장혁 최기운 최혜선 최희규 한영훈 한효석 (25명)	57
2004-2	고은실 권미이 김동률 김성미 김향기 류지은 박서재 박성민 백예인 변도근 소은경 송영호 송현진 안은영 안화영 위아해 유상원 유영수 윤승현 이에스더 이영규 이정섭 임혁 정은규 조소영 지상우 진영균 최기운 최임형 최하은 최희규 한효석 (32명)	
2005-1	권미리 권지혜 김동률 김향기 박서재 박성민 박시온 백예인 변도근 송영호 송현진 신보미 신소라 안은영 안화영 유상원 유영수 윤승현 위아해 이재환 이정섭 임혁 정한나 조소영 지상우 진영균 최기운 최성철 최임형 최희규 한효석 (31명)	60
2005-2	고은실 곽호형 권미이 김미나 김선진 김향기 배채림 백예인 변도근 소은경 송민영 송영호 송현진 양행아 유상원 유영수 이명혜 이에스더 이영규 이정섭 이지혜 이춘호 정은규 정초롱 조현욱 지상우 최하운 최희규 편은혜 (29명)	
2006-1	곽민하 김가영 김관중 김선진 김완희 김저훈 김정인 김향기 노미은 노서영 박서진 박현주 소은경 송민영 송영호 신나리 위아해 유상원 이민지 이에스더	

연도-학기	성명	연인원
2006-1	이정민 이정섭 이지혜 이춘호 임세진 정가희 정규열 정연주 정원지 정의홍 조규성 지상우 최우영 최하은 최현식 편은혜 한진만 (37명)	69
2006-2	강규원 강신구 강은지 곽민하 김가영 김건무 김광세 김민정 김완희 김유빈 김유진 김정두 김정인 김정훈 김지현 김창규 노서영 박서진 박종희 송민영 오승민 이승국 이지혜 정원지 정의홍 조광제 조규성 조익현 지상우 최우형 최현식 하동우 (32명)	
2007-1	강신구 강영웅 고혜진 김가영 김건무 김광세 김미나 김성웅 김솔 김영진 김윤하 김인애 김정두 김진혜 김창규 김현정 노서영 노혜민 박경아 박근호 박서진 박지연 박현주 반소량 변지혜 성소영 성요한 송민영 안미리 여소영 오신영 이경아 이광명 이미숙 이지혜 이한나 이홍원 이희정 임지연 전민영 정미나 정원지 정윤아 정의홍 조규성 조요한 조유란 조익현 최다은 최순현 최은경 최은정 최현식 황찬주 (54명)	93
2007-2	강미주 고혜진 권미혜 권일혁 김가영 김건무 김미나 김유진 김정두 김창규 김한나 노서영 민소영 박경아 박윤호 박지연 박지혜 반소량 변지혜 성소영 성요한 오신영 이성일 이지혜 이홍원 전지민 정미나 정승은 정승훈 조익현 차수진 최다은 최순현 최영 최은경 최은정 최필선 최현식 허동희 (39명)	
2008-1	강미주 고혜진 권미혜 권인애 김광세 김도형 김동혁 김영진 김유진 김창규 김한나 노서영 민은지 박경아 반소량 변지혜 서태욱 성소영 오신영 이성윤 이성일 이요한 이재정 이지혜 이홍원 전지민 정미나 정승은	

연도-학기	성명	연인원
2008-1	조아라 조연실 천다솔 최순현 최영 최은경 최은정 최필선 한용희 한정훈 허동희(39명)	73
2008-2	강건 강창대 고혜진 권인애 김동찬 김동혁 김바울 김충만 김태한 김한나 민은지 박경아 서은성 서태욱 성요한 이나영 이상미 이성윤 이수환 이요한 이인재 이재정 이준희 전유나 정승은 정승훈 조규진 조아라 조연실 천다솔 최영 최은정 한상철 한용희 (34명)	
2009-1	강건 강민우 권인애 김다솜 김동찬 김서영 김송은 김주은 김창규 김태한 민은지 박경아 박지혜 서미리나 서은성 서태욱 심우성 오경진 오대원 유주형 이나영 이성윤 이수환 이승하 이용준 이우재 이은아 장인환 전유나 전지민 정유진 정재현 정태영 정평화 조규진 조아라 조요한 조원형 천다솔 최은혜 최필선 한상철 한수연 한시내 한용희 황두리 (46명)	77
2009-2	김가영 김다솜 김동찬 김서영 김솔 김송은 김창규 김충만 김한나 반소량 서미리나 서은성 심우성 오경진 오대원 이나영 이성윤 이승하 이우재 이진아 장인환 전유나 정유진 정태영 정평화 조아라 조요한 조원형 천다솔 최은혜 한용희(31명)	
2010-1	강은혜 김가영 김건무 김경인 김다은 김민호 김보배 김서영 김성휘 김솔 김외진 김유진 김인영 김정두 김진영 도병욱 박강규 박진 서미리나 서현철 설사명 손주영 송건우 오세목 유주형 윤현민 이강호 이동훈 이수범 이지영 이청민 임지현 임하리 장인환 정다이 정한별 조경래 조광제 조민지 조아라 조원형 조인규 진홍주 천찬영 최은정 (45명)	93

<table>
<tr><th>연도
-학기</th><th>성명</th><th>연인원</th></tr>
<tr><td>2010
-2</td><td>강은혜 김건무 김다은 김보배 김솔 김예찬 김외진 김용범 김인영 김진영 문우식 민은지 박지혜 박진 변지혜 서미리나 설사명 성소영 손주영 송건우 송대섭 여소영 오세목 유민조 윤지혜 윤홍근 이강호 이기쁨 이민구 이수범 이진화 이창한 이청민 임지현 임하리 장인환 장현정 전지원 정승은 정한별 조아라 조인규 지경은 지대윤 천찬영 최다은 최순현 최재민 (48명)</td><td></td></tr>
<tr><td>2011
-1</td><td>강은혜 고연경 김건무 김다슬 김다은 김도연 김동용 김동찬 김보배 김선후 김선후 김예슬 김용범 김유진 김진영 도신혜 문우식 민은지 박경덕 박지혜 박진 배마리아 서미리나 설사명 성소영 손주영 송대섭 신재현 윤인철 은지민 이기쁨 이민일 이수정 이요한 이원중 이창한 이청민 이하영 임경완 장인환 장현정 전지원 정건희 정다이 정재경 조광제 조연실 조인규 지경은 지대윤 천찬영 최순현 최재민 (53명)</td><td rowspan="2">103</td></tr>
<tr><td>2011
-2</td><td>강민우 강은혜 고연경 구다현 김다슬 김다은 김도연 김동용 김동찬 김동혁 김예슬 김온유 김외진 김용범 김유진 도신혜 문우식 민은지 박경덕 박태완 배마리아 서태욱 설사명 성소영 신동아 신재현 안신열 유하은 윤인철 은지민 이강호 이벤엘 이성윤 이수정 이요한 이용준 이원중 이한나 임지현 임하리 장인환 장현정 정건희 정다이 정수연 정승은 천찬영 최순현 최예슬 허재영 (50명)</td></tr>
</table>

연도-학기	성명	연인원
2012-1	강민우 강예진 강은혜 고연경 고영훈 구다현 김경민 김다솔 김도연 김동용 김동찬 김성은 김솔 김예슬 김지현 김충만 김한결 류주형 박설리 박세진 박태완 배마리아 배수연 설사명 성소영 신기성 신동아 신재현 안신열 오대원 서미리나 유하은 윤인철 은지민 이동영 이벤엘 이성윤 이신규 이요한 이용준 이하영 이한나 임규선 임주영 임지현 임찬미 장인환 전하영 정다이 정수연 조아라 진슬 최경덕 최예슬 최은총 허재영 (56명)	109
2012-2	강건 강민우 강은혜 강창대 고영훈 구다현 김다솔 김도연 김동건 김동찬 김성은 김수연 김예은 김우경 김은경 김지현 김충만 김한결 류주형 박다정 박설리 박세진 박유나 박지연 박태완 배수연 설사명 송민석 오대원 오세훈 유지연 윤웅희 윤인철 윤지혜 이다윗 이동영 이성윤 이신규 이예성 이요한 이인애 이재현 이하영 이한나 이혜진 임주영 임찬미 전하영 정다이 정수연 조민주 최경덕 한만후 (53명)	
2013-1	강민우 강창대 구다현 김대환 김도연 김동건 김동용 김동찬 김동혁 김성은 김수연 김온유 김우경 김주언 김지민 김한결 박다정 박설리 박세진 박재순 박지연 박태완 박한나 박현우 선의인 설사명 성소영 송민석 신기성 신동아 심나온 오대원 유지연 윤석규 윤선경 윤인철 이다윗 이새힘 이성윤 이예성 이요한 이인애 이주혜 이찬석 이학봉 이한나 이혜진 이효은 임예은 임지연 임찬미 장인환 전하영 정평화 조민주 조아라 조하윤 지경은 최여준 최은총 최회열 한만후 (62명)	120

연도-학기	성명	연인원
2013-2	고은성 김나형 기대환 김동건 김동혁 김민수 김보은 김선은 김성은 김수연 김연재 김예찬 김우경 김원준 김주언 김지민 김한결 박다정 박종순 박지연 박한나 박현우 선의인 성소영 손하은 신동아 유지연 윤선경 윤인철 이강미 이다윗 이벤엘 이새힘 이예성 이요한 이인애 이주혜 이찬석 이하진 이학봉 이한나 이혜진 이효은 임예은 임주영 임지연 정평화 조민주 조아라 조하윤 조혜인 최성희 최순현 최은총 최재민 최회열 한만후 황이삭 (58명)	
2014-1	강보선 강신원 강윤희 공민석 구아영 권동준 김나형 김난 김대환 김동건 김민수 김보은 김성은 김신철 김연재 김예원 김예은 김예찬 김지민 김한결 문우식 박경덕 박종순 박한나 박현우 서지원 선의인 손하은 송대섭 윤석규 윤선경 윤인철 이기쁨 이새힘 이요한 이용준 이정호 이종민 이주혜 이창한 이학봉 이효은 임예은 정건희 정평화 조하윤 조혜인 천다솔 홍윤정 (49명)	98
2014-2	강민우 강보선 강신원 고연경 구다현 구아영 권동준 김난 김도연 김동혁 김보은 김성은 김신철 김연재 김예원 김예은 김충만 김한결 문우식 박경덕 박한나 박현우 손하은 송건우 송민석 심나온 오성은 윤선경 윤인철 이새힘 이정호 이종민 이주혜 이준희 이창한 이효은 임규선 임동진 임예은 임지연 장인환 정평화 조하윤 조혜인 천다솔 최은총 최재민 최회열 홍윤정 (49명)	

연도-학기	성명	연인원
2015-1	강민우 강보선 강신원 강주영 구아영 권동준 김나형 김난 김보은 김새나 김성빈 김수연 김신철 김예린 김예은 김우경 김이래 김주언 김한결 노대벽 노윤주 선의인 손혜원 송건우 송대섭 심나온 오성은 유지환 유한영 윤혜린 이동영 이소희 이수현 이예성 이재현 이재희 이정호 이종민 이찬미 이창한 임성빈 임예은 임지연 전여훈 정평화 조경찬 조아라 차지애 천다솔 천찬영 최은총 홍윤정 (52명)	95
2015-2	강민우 강신원 강주영 곽효빈 구아영 권동준 김보은 김새나 김선은 김성빈 김예은 김예진 김이래 김한결 노대벽 노윤주 마하은 박유민 배경진 손혜원 유지환 유한영 윤가영 윤혜린 이동영 이새힘 이수현 이재희 이정호 이찬미 이찬석 이혜진 임성빈 임예은 전여훈 정예인 정평화 정하길 조경찬 천찬영 최은총 한만후 홍윤정 (43명)	
2016-1	강민우 김보은 김새나 김선은 김성빈 김수연 김연재 김예린 김예은 김예찬 김우경 김이래 김채은 김한결 노윤주 마하은 박수빈 박유민 박지용 박채운 박해린 배경진 선의인 손혜원 송대섭 송민경 안윤용 유지환 유진희 유한영 윤가영 윤은진 이동영 이병희 이신규 이재희 이주혜 이찬미 이찬혁 임성빈 임예은 전여훈 정예인 정유선 정평화 정하길 조하윤 조혜인 천찬영 최은총 최재민 한만후 홍윤정 황이삭 (54명)	95
2016-2	강보선 강신원 김대환 김민진 김보은 김이래 김주언 김채은 김하은 노대벽 문우식 박수빈 박유민 박지용 박찬영 박채운 박해린 방정연 변지혜 손혜원 송대섭	

<table>
<tr><th>연도
-학기</th><th>성명</th><th>연인원</th></tr>
<tr><td>2016
-2</td><td>안윤용 염예진 유진희 윤가영 윤은진 이동영 이병희
이수현 이신규 이은택 이재현 이재희 이찬미 이찬혁
임예람 전주영 정유선 지대윤 홍윤정 황이삭 (41명)</td><td></td></tr>
<tr><td>2017
-1</td><td>강보선 강신원 강혜원 구아영 김경미 김나형 김민수
김민진 김연재 김예은 김이래 김지환 김태현 김하은
김한결 박경덕 박수빈 박준서 박지용 박찬영 박채운
박해린 박현우 방정현 변지혜 손혜원 송대섭 안윤용
양예진 염예진 오성은 유지환 유진희 윤성이 이병희
이새힘 이수미 이신규 이안나 이은택 이주혜
이찬미(15) 이찬미(17) 이찬혁 임은채 장유나
정유선 제예나 조하윤 한만희 황이삭 (51명)</td><td rowspan="2">105</td></tr>
<tr><td>2017
-2</td><td>강신원 강혜원 김나형 김민진 김새나 김선은 김신철
김이래 김진환 김채은 김태현 노윤주 박유민 박준서
박찬영 박채운 박현우 방정현 배경진 안윤용 양예진
오성은 유지환 유진희 윤가영 윤은진 이병희
이신규 이안나 이은택 이재현 이주혜 이찬미(15)
이찬미(17) 이효은 임예은 임은채 장유나 정예찬
정유선 제예나 최회열 황이삭 금교진 김수지 김지예
김현채 박현아 송태웅 안동수 양형석 우성아 정수현
최예찬 (54명)</td></tr>
<tr><td>2018
-1</td><td>강혜원 김민진 김신철 김지예 김태현 김하은 김현채
노윤주 박준서 박지용 박찬영 박현아 박현우 방정연
손혜원 양예진 양형석 염예진 우성아 윤석규 윤은진
이병희 이수미 이수현 이안나 이재현 이찬미(15)
이찬미(17) 임예은 임은채 장유나 전주영 정수현
조경찬 최예찬 최회열 강나린 강병석 김아현 김에녹</td><td></td></tr>
</table>

연도-학기	성명	연인원
2018-1	김지연 박요한 유설완 이고은 장민영 조영찬 한광희 (47명)	
2018-2	강나린 강병석 강혜원 김민진 김성빈 김신철 김에녹 김예은 김지연 김지예 김현채 박수빈 박요한 박유민 박해린 박현아 박현우(13) 방정연 손혜원 양형석 이고은 이병희 이안나 이은택 이재희 임예은 임은채 장민영 전여훈 전주영 정예인 조경찬 조영찬 최회열 한광희 황이삭 김다은 김의겸 남현지 박주희 박현우(18) 백세나 백세림 신솔몬 이하진 제승민 (46명)	93
2019-1	강나린 강병석 강혜원 김다은 김성빈 김에녹 김의겸 김지연 김지예 남현지 박현아 박현우(13) 박현우(18) 방정연 백세나 우성아 유은진 윤가영 윤은진 이고은 이은택 이찬미 이하진 임은채 장민영 전여훈 정수현 정예인 정하길 제승 민 조경찬 조영찬 최예찬 권나경 김소현 문지현 문채원 박가영 박아희 유은진 이승우 이효진 임경민 정영범 정유진 정주찬 홍수민 황동욱 (47명)	86
2019-2	강병석 구아영 권나경 김다은 김성빈 김소현 김의겸 김지연 김지예 김하은 남현지 문지현 박가영 박수빈 박아희 박찬영 박해린 박현우 유은진 이안나 이찬미 임경민 장민영 전여훈 정영범 정예인 정유진 정주찬 정하길 조경찬 홍수민 황동욱 김나연 박하은 심가현 이현정 전혜림 정에나 황혜영 (39명)	

연도 -학기	성명	연인원
2020 -1	권나경 금교진 김나연 김다은 김의겸 김지연 김지예 문채원 박가영 박수빈 박아희 박찬영 박채운 손혜원 심가현 안동수 유진희 윤은진 이안나 이찬미 이하진 이효진 장민영 전여훈 정영범 정예나 정유진 정주찬 정하길 조경찬 홍수민 황동욱 황혜영 (33명)	68
2020 -2	강병석 금교진 김나연 김다은 김의겸 김지연 김지예 문채원 박찬영 박채운 박현아 손혜원 이수미 이찬미 이효진 전여훈 전혜림 정수현 정예나 정유진 최예찬 홍수민 황동욱 김민수 김지수 김하진 노은 박예지 이예지 장승민 정인혁 조아현 조은비 지수현 최은협 (35명)	
2021 -1	김의겸 김현채 홍수민 박하은 전혜림 정예나 정수현 김하진 장유나 최은협 이예지 신솔몬 박예지 조아현 지수현 김지수 백세림 조은비 전여훈 박채운 강혜원 조영찬 김다은 황혜영 최예찬 이찬미 정주찬 정하길 박현아 노은 이수민 변민서 민지원 김민제 이동현 김하람 권하영 우경은 정주리 서예은 이영은 이하정 한지수 김태민 황지민 금교진 박아희 이효진(48명)	89
2021 -2	김지연 금교진 김의겸 정하길 김현채 조은비 이효진 제승민 조영찬 강혜원 김다은 박채운 신솔몬 이하정 김진환 박예지 백세림 서예은 박아희 전혜림 정예나 노은 이예지 권하영 민지원 변민서 우경은 이수민 한지수 정예찬 김지수 홍수민 정수현 정유진 김예원 김미화 박이셀 홍성민 신경식 이정미 정윤호(41명)	

공동체 선생님은 2009년부터 활동하셨다.

연도	성명	인원
2009	이순애 윤용애 황병숙 강은주	4
2010	이순애 윤용애 황병숙 강은주 배영순 최향미 김정희 박판희 김춘희 석묘란 김정희 하영순 김영숙	13
2011	이순애 윤용애 황병숙 강은주 배영순 이재은 김미혜 김정숙 김유진 이경화 허인숙 김영희 석묘란	14
2012	이순애 윤용애 황병숙 강은주 배영순 이재은 김미혜 김정숙 허인숙 김영희 석묘란 주금자	12
2013	이순애 윤용애 황병숙 강은주 배영순 이재은 김미혜 김정숙 주금자 정정미 양주희 유병련	12
2014	이순애 윤용애 황병숙 강은주 배영순 김미혜 김정숙 주금자 정정미 유병련 김미옥 김용희 정경옥	13
2015	이순애 윤용애 황병숙 강은주 배영순 김미혜 주금자 정정미 김미옥 김종순 최춘화 우영선	12
2016	이순애 윤용애 황병숙 강은주 배영순 김미혜 주금자 정정미 김미옥 김정미 김완숙 김미선 정은진 최현옥	14
2017	이순애 윤용애 황병숙 강은주 김미혜 주금자 정정미 김미옥 김정미 김완숙 김미선 정은진 오숙자	13
2018	이순애 황병숙 강은주 주금자 정정미 김미옥 김수미 김정미 김완숙 김미선 정은진 최명심 김주혜 박금순 최선옥 심수현 강현자	17
2019	이순애 황병숙 강은주 주금자 정정미 김미옥 김수미 김정미 김완숙 정은진 최명심 김주혜 윤희열	13
2020	이순애 황병숙 강은주 주금자 정정미 김미옥 김수미 김정미 김완숙 정은진 최명심 김주혜 윤희열 정명화	14
2021	이순애 황병숙 강은주 주금자 정정미 김미옥 김수미 김정미 김완숙 정은진 최명심 윤희열 정명화 윤은정 김정미	15

3. 열매들

여기에는 그간 자유학교에서 우리를 만났던 학생들의 명단을 수록하고 싶다. 사실 학생의 명단은 학교에 보존되어 있다. 그러나 청소년의 개인사 인데다 한 사람씩 일일이 동의받지 못한 개인정보이므로 수록하기가 조심스럽다. 일단 숫자만 싣고 그 소중한 이름들은 우리 가슴에만 담아 두기로 한다.

학년도	당해년도 신입학생 수	작년도 계속학생 수	위탁학생 수	재학생 총수	검정고시 합격생수	졸업자격 취득총수
2001	8			8	1	1
2002	1	5		6	1	1
2003	9	3		12	2	2
2004	5	6	2	13	4	6
2005	1	4	2	7		2
2006	9	3	1	13	1	2
2007	19	6	0	25	5	5

학년도	당해년도 신입학생수	작년도 계속학생수	위탁학생수	재학생 총수	검정고시 합격생수	졸업자격 취득총수
2008	25	9	7	41	10	17
2009	20	7	17	44	5	22
2010	45	11	30	86	5	35
2011	28	12	14	54	14	28
2012	21	9	19	49	11	30
2013	43	12		55	19	19
2014	25	22		47	24	24
2015	41	18		59	29	29
2016	19	18		37	18	18
2017	20	19		39	13	13
2018	31	8		39	16	16
2019	22	14		36	14	14
2020	5	6		11	5	5
2021	9	3		12	9	9
계	406	195	92	693	206	298

연도별 총 재학생 693명 - 연도 중복 재학생 195명

= 자유학교 순 인원 406명

자유학교 순 인원 406명 중 검정고시 합격자 206명

자유학교 성실 수료자 중 검정고시 미 합격자 4명

자유학교 중단자 196명(중단 이후 검정고시 합격자 수 미상)

자유학교 순 인원 + 위탁학생 92명 = 자유학교 총인원 498명

자유학교 총인원 498명 중 졸업자격 취득자 298명

금년도 신입 학생수 : 당해 연도 내에 새로 들어온 학생이다. 이 중에는 단순히 상담만 하고 학교에는 오지 않은 사람도 있고, 단기간 학교에 다니다가 문득 소식을 끊고 떠나버린 사람까지 다 포함되어 있다. 그러므로 한해 내내 집계한 숫자는 크지만 출입이 유동적이었으므로, 동시에 학교에 가장 많은 인원이 있었던 때가 위탁생을 포함하여 30여 명 정도였다.

작년도 계속 학생수 : 전년도에 재학했으나 검정고시에 합격하지 못한 학생이 다음 해에도 계속 재학하는 수이다. 자유학교는 수학 연한을 정하지 않았으므로 계속 수학하는 것이 가능했다. 대부분은 2년 이내에 검정고시에 합격하거나 스스로 떠났지만, 경우에 따라 3년이 넘도록 수학한 사람도 있다.

위탁학생 : 대부분 교칙 위반이 누적되어 원소속 교 출석이 곤란한 경우, 원소속 학교의 학적을 유지하고 졸업 시까지 위탁된 학생이었다. 교육청의 요청으로 이 제도를 운영하다가 우리 결정에 의해 2012년 중단하였다.

재학생 총수 : 실제로 자유학교가 담당했던 매 학기 학생수의 누계이다.

우리는 패자부활전으로 우승까지 간다

자유학교 이야기

초판인쇄 2021년 10월 1일
초판발행 2021년 10월 10일

저자 김윤규 등
펴낸이 권우석
책임편집 정윤정
표지디자인 강혜원
펴낸곳 도토리

주소 서울특별시 강서구 마곡서로 56 SB타워 3차 906호
전화 02-929-4547
팩스 02-929-4548
메일 dotorimedia@naver.com
블로그 blog.naver.com/dotorimedia
ISBN 979-11-91733-07-5 03300

※ 값은 뒷표지에 있습니다.